日本人論の危険なあやまち

―文化ステレオタイプの誘惑と罠―

高野陽太郎

ディスカヴァー
携書
217

はじめに

よく「日本人は集団主義的だ」と言われます。日本人は、「集団でいないと、安心できない」とか、「精神的に自立していない」とか、「独自の考えをもつことができない」とか、そんなふうに言われます。

貴方は、日本人は集団主義的だと思うでしょうか？

では、自分自身はどうでしょう？　自分自身は、集団主義的だと思うでしょうか？

「日本人は集団主義的だ」というのは、日本人論の常識です。でも、日本人は、ほんとうに「集団主義的」なのでしょうか？

それを調べた科学的な研究は、じつは、少なくありません。しかも、それらの研究は、この「常識」を真っ向から否定しているのです。「世界でいちばん個人主義的だ」と言われてきたアメリカ人と比べても、日本人は、とくに「集団主義的」というわけではないのです。

この本では、まず、そのお話をします。どういうふうにして、どういう事実を調べたら、そういう結論になったのか――というお話です。

日本人は、ほんとうは集団主義的ではないのだとしたら、「日本人は集団主義的だ」という言説が「常識」にまでなってしまったのは、いったい何故《なぜ》なのでしょうか？

この本では、それも考えてみます。

「日本人は集団主義的だ」という日本人論の言説は、文化ステレオタイプの典型です。文化ステレオタイプは、過去、人間社会に大きな惨禍を幾度も招いてきました。

この本では、日本人論について明らかになったことを土台にして、文化ステレオタイプについても考えてみます。文化ステレオタイプは、どういうもので、どういう惨禍を招いてきたのでしょうか？　なぜ、惨禍をもたらすのでしょうか？

これが、この本の内容です。

10年ほど前（2008年）、私は『「集団主義」という錯覚』（新曜社）という単行本を出版しました。「日本人は集団主義的だ」という通説は間違っている、ということを論証した本です。この本も、主旨は同じです。

しかし、内容は一新しています。

集団主義・個人主義についての科学的な国際比較研究は、前著を出版した後にも、たくさん発表されてきました。この本では、そうした研究の結果も、まとめて紹介します。いろいろな事例、たとえば、日本人の個人主義的な行動の例、アメリカ人の集団主義的な行動の例などについては、できるだけ前著とは違う事例を紹介するようにします。

また、私自身、この問題については視野が広がり、理解も深まりました。この本の内容は、それを反映しています。前著を読んでくださった読者も、この本を読んでいただいて、決して時間の無駄にはならないだろうと思います。

しかし、今回は新書なので、前著に収録した専門的な議論は割愛しました。その点では、前著より気楽に読んでいただけると思います。専門的な議論にも関心があるという方は、是非、前著（とくに、その第4章）をご覧ください。

前著には17頁にわたる引用文献欄がついていましたが、新書には長すぎるので、苦肉の策として、次のような形をとることにしました。今回はじめて引用する文献は、本文のなかでは、12というような文献番号を行間に記して引用し、書誌情報を巻末の引用文献欄に記します。しかし、前著でも引用した文献は、本文では（12）というように括弧つきの文献番号で引用しますが、その書誌情報は、この本の引用文献欄には収録しません。「もとの文献に直接あたってみたい」という読者は、前著をお持ちでしたら、前著の引用文献欄で（12）にあたる文献をご覧ください。前著をお持ちでない読者は、出版社のホームページから、前著の引用文献欄と同じ文献リストを無料でダウンロードすることができますので、そちらをご覧ください（https://d21.co.jp/book/9784799325643.html）。

なお、本文中で、「　」の中に記した語句のあとに（邦訳97頁）というようなページ番号が記してある場合は、「　」の中は、原著からの字句どおりの引用です。ページ番号が記されていない場合は、原著の記述を私が自分の言葉でまとめたものだとお考えください。

では、そろそろ本題に入ることにしましょう。

★日本人は、どういう点で「集団主義的だ」と言われてきたのでしょうか？
★どういう研究から、この通説が間違いだと分かったのでしょうか？
★その間違った説が、なぜ常識にまでなってしまったのでしょうか？
★日本人論をはじめとする文化ステレオタイプには、どんな危険があるのでしょうか？

日本人論の危険なあやまち

目次

第1章

日本人論の核心「集団主義」

日本人論は、何十年ものあいだ、「日本人は集団主義的だ」と言いつづけてきました。その結果、多くの日本人がそう信じるようになりました。日本人ばかりではありません。海外でも、「集団主義」は、いまや日本人の代名詞になっています。では、日本人は、ほんとうに集団主義的なのでしょうか？

それを考える前に、まず、日本人論は、日本人のどういうところが集団主義的だと主張してきたのか、それを振り返ってみることにしましょう。

日本人論

「日本人とは何者なのか？」――この疑問に答えようとしてきたのが日本人論です。「日本人は集団主義的な国民だ」という主張は、この疑問にたいする答でした。この主張に関連して、いろいろなことが言われてきました。いわく「日本人は、単一民族で、同質な人間の集まりだ」、いわく「日本文化は、周囲の目を気にする〝恥〟の文化だ」、いわく「日本社会は、上が下を支配する全体主義的な社会だ」、等々。

20世紀の後半、日本人論からは、数々のベストセラー、ロングセラーが生まれました。『菊と刀』[59]『日本の経営』[1]『タテ社会の人間関係』[176]『第三の大国・日本』[82]『ユダヤ人と日本人』[58]『「甘え」の構造[70]』『日本人―ユニークさの源泉[65]』『ジャパン・アズ・ナンバーワン[238]』……と、あげだせば、きりがないほどです。読んだことはなくても、「話題になったので、題名だけは知っている」という本も多いのではないでしょうか。

日本人論の調査をした野村総合研究所は、１９４６年から１９７８年までのあいだに、６９８点の日本人論が出版されたと報告しています[185]。１９９０年までには２０００点を超えたのではないかという推定もあります[3]。

「集団主義」論の説得力

日本人論は、なぜこれほど隆盛を極めたのでしょうか？

それは、「日本人は何者なのか？」という疑問を誰もが抱き、その答を誰もが知りたがったからでしょう。

19世紀、欧米列強は、アフリカやアジアの国々を次つぎに植民地化していきました。そんな中で、日本は独立を守りとおし、それどころか、欧米列強に伍して侵略をする側にまわり、ロシアやアメリカといった大国を相手に、大立ちまわりまで演じました。「アジアのなかで、なぜ日本人にだけ、そんなことができたのか？」――そういう疑問が生じたのは、ごく自然の成りゆきでしょう。

多くの欧米人にとって、これが好奇心をそそる疑問だったことは間違いありません。じっさい、いまあげた日本人論のベストセラーも、その多くが欧米人の著作です。

当の日本人にしてみれば、自分自身の「アイデンティティ」にかかわる問題ですから、もっと切実です。欧米人と比べて、あるいは、ほかのアジア人と比べて、日本人はどこがどう違うのか、多くの日本人が疑問を抱き、答を探しました。

もともとが「なぜ日本人だけが……？」という疑問から発しているので、日本人論は、「〝日本特殊論〟になることを最初から運命づけられていた」と言ってもいいでしょう。欧米人を基準にしたとき、日本人は、どういう点で、どういう理由で、「特殊」なのか、「ユニーク」なのか、という議論が延々と続いていくことになります。これが後に、「日本特殊論」「日本異質論」という日本批判の嵐を呼ぶことにもなりました。

そうしてみると、日本人論が「日本人は集団主義的だ」という言説を核にして展開してきたことは、いわば、当然の成りゆきだったのかもしれません。「たくさんの人が力を合わせれば、バラバラでいるときより、ずっと大きなことを成し遂げられる」ということは、誰もが知っています。ですから、「日本人は特別に集団主義的な性質をもっていて、力を合わせることが得意なので、経済的にも軍事的にも強力になったのだ」という説明は、「なぜ日本人だけが……？」という疑問にたいする答としては、うってつけだったわけです。

日本人論は、「日本文化論」とも呼ばれるとおり、「文化」についての議論です。日本人の遺伝的な性質についての議論ではありません。「なぜ日本人だけが……？」という疑問がもとになっていることを考えれば、その理由も、おのずから明らかでしょう。

人種的には、日本人は、東アジアのほかの人びとと変わりません。すくなくとも、欧米人から見て、ひと目で分かるような違いはありません。ですから、「なぜ日本人だけが……？」という疑問に答えるためには、遺伝的な「人種」という概念は不向きだったのです。そのため、日本人論は、人種論ではなく、文化論になりました。「日本人は生まれつき集団主義的だ」という議論もあるにはありましたが、ほとんどの論者は、「日本人は集団主義的な精神文化をもっている」と主張しました。

「集団主義」と「個人主義」

「日本人は集団主義的だ」というとき、その「日本人」と対比されているのは、たいがい「欧米人」です。「日本人は集団主義的、欧米人は個人主義的」という図式です。

そこで、まず、「集団主義」とは何か、「個人主義」とは何か――それを確認しておくことにしましょう。

大雑把に言えば、集団を大切にするのが「集団主義」、個人を大切にするのが「個人主義」です。

「集団」というのは、自分が「属している」と感じる「集団」です。そのときどきで、家族であったり、会社であったり、国であったりします。「個人」というのは、自分自身です。

もうすこし詳しく言うと、「集団主義」の特徴は、「個人が集団の一員として行動すること」です。集団に「同調」し、集団のなかで「協力」する――これが「集団主義」の核心です。個人の利害と集団の利害が一致しないときには、集団の利害のほうを優先することになります。

一方、「個人主義」の特徴は、「個人が独立した個人として行動すること」です。自分の意見を貫き、独自の行動をとる――これが「個人主義」の核心です。個人の利害と集団の利害が一致しないときには、個人の利害のほうを優先することになります。

たとえば、会社が政権党を支持し、自分は野党を支持しているという場合、選挙で政権党の候補者に投票すれば、集団主義的な行動をとったことになります。野党の候補者に投票すれば、個人主義的な行動をとったことになります。

「日本人の集団主義」

日本人論は、「日本人の集団主義」の具体的な表れとして、さまざまな行動や心理を指摘してきました。

たとえば、「日本人は、つねに集団で行動する」という指摘。日本が豊かになって、海外旅行をする日本人が増えたときには、団体旅行がやり玉にあげられました。旗をかかげたガイドのあとを、日本人観光客がゾロゾロついていく姿は、欧米人の目には、「日本人の集団主義」を象徴する光景と映ったようです。

「日本人は、集団になると力を発揮するが、個人個人では、とても欧米人にはかなわない」と言われたこともありました。

「サービス残業」（残業代をもらわずにする残業）がマスメディアで話題になったときには、「集団のために個人を犠牲にする集団主義の表れだ」というコメントをよく耳にしました。「社畜」などという言葉もはやりました。

戦後、「集団のために個人を犠牲にする」例としてしばしば言及されたのは、「カミカゼ特攻」でした。なにしろ、命を捧げるのですから、究極の「自己犠牲」です。

こうした「集団主義的な行動」の背後には、それを支える「集団主義的な精神」が想定されていました。たとえば、「個我が確立していない」――「集団に融合してしまっていて、個人が精神的に自立していない」というのです。これが行動に表れると、「日本人は自己主張ができない」ということにもなります。

多くの識者が、「日本人は、ひとと同じでないと安心できない」とか、「個人が自立しておらず、互いにもたれ合っている」とかいった批判を口にしました。「だから、日本のスポーツ選手は欧米のスポーツ選手には勝てないのだ」と言われたこともあります。

「日本人は個性がない」という言葉も、しょっちゅう耳にしました。新聞のコラムなどで、欧米人が「日本人はみな同じに見える」とよく評していたものです。

これを受けて、マスメディアでは「金太郎飴」という言葉がはやりました。金太郎飴は、どこを切っても同じ顔が出てきます。日本人も、「だれをとっても、みな同じ顔をしている」というのです。「日本のビジネスマンは、みなドブネズミ色のスーツを着ていて、服装にも個性がない」と揶揄《やゆ》されたこともありました。

あるイタリアの人類学者は、「日本社会において個人とは何なのだろう？　ほとんどの場合、個人は存在しないと言える」[60]（邦訳４５９頁）とまで極言しています。

社会現象の説明

日本で起こった社会的な出来事について、その原因を説明しようとするときには、必ずといっていいほど、「日本人の集団主義」が引き合いに出されました。

たとえば、学校での「いじめ」。１９８０年代、「いじめ」が社会問題になり、マスメディアでさかんに取りあげられるようになったときには、「〝いじめ〟は、集団に同化しようとしない異分子を排除しようとする、集団主義的な日本社会に特有の現象だ」という意見がしばしば表明されました。

欧米先進国に比べて、日本の科学技術が大きく遅れをとっていた時代には、「集団主義的な日本人は、独自の考えをもつことができないので、創造的になれないのだ」という説明をよく聞いたものです。

戦前・戦中の「軍国主義」も、「日本人の集団主義」で説明されました。「集団主義は全体主義的な社会を生みだすので、それが軍国主義につながったのだ」という説明です。

「日本人の集団主義」による説明のなかで、もっとも広く知れわたったのは、戦後の「高度経済成長」についての説明でしょう。戦争が終わったとき、一面の焼け野原だった日本は、「奇蹟」とまで呼ばれた復興を成し遂げましたが、これは、「集団主義的な日本人が一致団結して働いたからだ」と言われたのです。

枝葉の言説

「日本人は集団主義的だ」という主張からは、さまざまな「理論」が派生してきました。「恥の文化」論(59)、「タテ社会」論(176)、「甘え」論(70)、「間人《かんじん》主義」論(82)などがよく知られています。

1960年代に登場した「タテ社会」論は、「日本人は、誰もが単一の集団に所属し、その集団のなかでタテの序列に縛られている」と論じました。これは、「日本人の集団主義が日本の全体主義の源だ」という欧米人の見方とも折り合いのよい議論でした。「タテ社会」という点では、「おなじアジアでも、インドや中国とは違っている」という主張だったので、「なぜ日本だけが？」という疑問にも、うまく答えてくれるように見えました。

1990年代には、「自己観理論」(154)が登場しました。「西欧人は、〝自己〟は独立した存在だという〝自己観〟をもっているので、個人主義的に振る舞う。日本人は、〝自己〟は他者との関係のなかでのみ存在するという〝自己観〟をもっているので、集団主義的に振る舞う」と主張する理論です。もとが英語の論文なので、日本人論の読者にはあまり知られていませんが、心理学の分野では、世界を席巻し、四半世紀にわたって、比較文化研究を支配してきた理論です。

「日本人」のイメージ

こうして、無数の人たちが「日本人は集団主義的だ」と唱えつづけてきた結果、「集団主義」は、すっかり「日本人」の代名詞になってしまいました。

「素潜り」の世界選手権をテーマにした『グラン・ブルー』（リュック・ベッソン監督）というフランス映画があります（アクアラングをつけずに、どこまで深く潜っていけるか、それを競うのが「素潜り」という競技です）。この映画のなかで、日本のチームだけは、かけ声に合わせて足並みを揃え、行進しながら登場します。

『ガン・ホー』というアメリカ映画もありました。日産自動車のアメリカ工場をモデルにした映画です。この映画では、日本人の管理職が「チーム」という言葉を連発します。「アメリカ人はみな自分が特別だと思っていて、チームの一員になろうとしない。利己的だからアメリカ人は弱いんだ」などとアメリカ人の従業員を罵倒します。

「日本人の集団主義」は、エスニック・ジョークにも出てきます（「エスニック・ジョーク」というのは、「国民性」やら「民族性」やらを皮肉るジョークです）。たとえば、沈みかけている豪華客船の船長は、乗客を海に飛び込ませようとして、アメリカ人には、「飛び込めば、あなたは英雄ですよ」と言います。一方、日本人には、「みんな飛び込んでいますよ」[40]。

欧米人の目に映る日本人は、アメリカの歴史学者エドウィン・ライシャワーによれば、「厳格な社会規律をおとなしく守り、その社会の既成のパターンをたえず繰り返す、従順なロボットのような画一的な人種」[193]（邦訳２００頁）なのだそうです。究極の「集団主義」です（ただし、ライシャワー自身は、このイメージは現実の日本人とは「まるきり異なっています」と述べています）。

本質主義

日本人論は、「〝日本人の集団主義〟は、日本人を日本人たらしめている〝本質的な特性〟だ」と論じてきました。

たとえば、稲作農耕説の場合。「集団主義」の起源について、「稲作をしていると、田植えや稲刈りのときには、みなが力を合わせて短期間で作業を終えなければならないので、日本人は集団主義的になったのだ」という説明があります。これが稲作農耕説です。[110]

では、「日本人の集団主義」は、稲作農家だけの特性なのかというと、日本人論は、そうは論じません。「集団主義」は、漁師や武士、商人や職人にも共通する、日本人全体の特性だというのです。稲作農家が全人口のわずか数パーセントになってしまった現代でも、日本人はあいかわらず「集団主義的だ」ということになっています。つまり、「集団主義」は、「日本人の本質的な特性だ」というわけです。

「日本人は集団主義的だ」という言説が日本で広まるきっかけになったのは、アメリカの文化人類学者ルース・ベネディクトが終戦直後に著した『菊と刀』[59]だったと言われています。この本が書かれたころは、アメリカの人類学界でも、「民族や文化は、それぞれ、独自の本質的な特性をもっている」という考えかたが珍しくありませんでした。しかし、この考えかたは、のちに「本質主義」として厳しく批判されるようになりました。日本人論は、人類学の古い考えかたを引きずってきたわけです。

日本人論の本質主義的な考えかたは、「日本人には、共通の〝日本人らしさ〟があるはずだ」という信念に裏打ちされています。けれども、現実には、「日本人」の範囲は、大きく揺れ動いてきました。[76]アイヌの人たちが「日本人」になったり、朝鮮半島の人たちが

「日本人」になったり、「日本人」ではなくなったり、外国に移民した「日本人」がいたり、外国から帰化した「日本人」がいたり、という具合に。それを考えただけでも、「日本人には、共通の本質的な特性があるはずだ」と無条件に想定してしまってよいのかどうか、疑問が湧いてきます。

「アメリカ人の個人主義」

「集団主義的な日本人」と対比されてきたのは、「個人主義的な欧米人」です。中でも、アメリカ人は、アレクシ・ド・トクヴィルが著書『アメリカの民主政治』[224]のなかで、その個人主義を論じて以来、「世界でいちばん個人主義的な国民」と目されてきました（トクヴィルは、19世紀前半を生きたフランスの政治家であり、思想家でもあった人です）。イギリスの社会学者ロナルド・ドーアは、イギリス人が個人主義的だと述べた上で、「アメリカ社会における個人主義の表明度からすれば、イギリス人は完全な集団主義者に見えてしまう」[71]（邦訳30頁）と書いているほどです。

フランス人も個人主義的な国民として知られていますが、フランス人の場合は、個人主義を無条件で肯定しているわけではなく、「利己主義に流れて、社会を崩壊させてしまうのではないか」という懸念も抱いています。

アメリカ人の場合は、そういう懸念を表明することは滅多にありません。アメリカ人にとっては、自分たちをアメリカ人らしくしているのは個人主義であって、個人主義はアメリカ人の誇るべき美点なのです。多くのアメリカ人は、「個人主義は、自由主義や民主主義、そして、企業家精神を支える礎《いしずえ》だ」と考えています。

アメリカは、第一次世界大戦ではドイツやオーストリアの帝政と戦い、第二次世界大戦ではドイツやイタリアのファシズムと戦い、日本の軍国主義とも戦いました。冷戦時代には、ソ連や中国の共産主義と対峙し、北ヴェトナムと戦いました。いずれも、アメリカが全体主義と見なした政治体制です。その全体主義から民主主義を守る戦いとして、アメリカは、自らの戦争を正当化してきたのです。そのせいで、「民主主義の礎《いしずえ》」である個人主義を手放しで礼賛する風潮が強くなったのでしょう。

個人主義の思想を概説したスティーヴン・ルークスによれば、アメリカ人にとって、個人主義は、「人類進歩の最終段階を指し示すもの」[146]（邦訳17頁）なのです。

西部開拓時代の英雄デビー・クロケットも、丸太小屋から身を起こして大統領にまでのぼりつめたエイブラハム・リンカーンも、みな独力で人生を切り拓いた人物だと考えられています。個人主義的な生きかたは、アメリカ人の理想でもあるのです。

「集団主義は悪」

アメリカ人にとって、個人主義が「善」なら、その反対の集団主義は、当然、「悪」ということになります。「個人の自由を抑圧し、全体主義的な政治体制を生み出し、創造性や企業家精神をしぼませる」――これが、アメリカ人にとっての集団主義なのです。

そのアメリカ人の著作『菊と刀』[59]から広まったのですから、「日本人は集団主義的だ」という通説に好意的な響きはありません。じっさい、「個性がない」とか「精神的に自立していない」とか言われて、「ほめられた」と感じる人は、まず、いないでしょう。「日本人の集団主義」は、ほとんどの場合、批判的な口調で語られてきました。

日本の高度経済成長だけは、例外のように見えるかもしれません。経済成長のおかげで、焼け野原をさまよっていた日本人が、豊かな暮らしを享受できるようになったのですから。1970年代から80年代にかけて、日本経済の絶頂期には、多くの日本人が、「日本人の集団主義」を成功の原因として誇らしげに語っていました。

しかし、アメリカでの受けとめかたは、ずいぶん違っていたのです。「経済は成長したかもしれないが、自分だったら、厳しく監視されながら、非人間的な労働を強いられるのは真っ平だ」という反応が多かったのです。そうしたアメリカ人の見方を、アメリカの大学にいる日本人の教授がコラムで紹介していましたが[67]、そのタイトルはこうでした――

「〝終身雇用〟も〝集団主義経営〟も〝地獄に墜ちる罪業《ざいごう》〟だ」。

この時期、日本の経営者がアメリカに行って、「日本の成功の秘訣は、集団主義的な経済だ」と講演をしていましたが、アメリカ人から見れば、「自分たちは悪者だ」と述べているに等しかったわけです。

第2章

日本人論の危うい足元

世界の常識にまでなってしまった「集団主義的な日本人」というイメージ、これは日本人のほんとうの姿なのでしょうか？「日本人は集団主義的だ」という主張には、どういう証拠があるのでしょうか？

じつは、それが、まことにあやふやなのです。

何を根拠に？

社会学者の杉本良夫とロス・マオアは、「日本人論は学問的な研究成果にもとづいた議論ではない」と喝破《かっぱ》しました[172, 212]。「日本人論の言説には、研究データや統計データの裏づけがほとんどない」というのです。

では、何が根拠になっているのかというと、それは「事例」です。

「日本人はこんなふうだ。それを自分は見たことがある。ひとから聞いたことがある」——そんな話です。「日本では、長老格の教授をリーダーとして、その愛弟子《まなでし》ばかりを団員とした学術調査団はうまくいく」[176]——たとえば、「タテ社会」の「証拠」として出てくるのは、こういう話です。日本ではいつもそうなのか、欧米とは違うのか、客観的なデータが示されるわけではありません。

よく使われる事例のひとつは、諺《ことわざ》です。「日本人の集団主義」の象徴として、「出る杭は打たれる」という諺《ことわざ》がしばしば引き合いに出されます。アメリカの歴史家ジョン・ダワーによれば、アメリカのジャーナリストは、日本について記事を書くときには、必ずといっていいほど、この諺《ことわざ》を引用するのだそうです。[68]

スローガンもよく引用されます。たとえば、聖徳太子の憲法十七条の冒頭を飾る条文「和をもって貴《とうと》しとなす」。あるいは、武田信玄の言葉として伝えられる「人は城、人は石垣、人は堀」。

「こうした言葉が象徴しているように、日本人は昔から〝和〟を大切にしてきた。日本は〝和の社会〟なのだ」と論じられてきました。

では、こうした事例は、ほんとうに「日本人の集団主義」の動かぬ証拠なのでしょうか？しかし、すこし調べてみれば、反対の事例は、いくらでも見つかることが分かります。

ことわざ

前の章では、自己観理論を紹介しました。心理学の世界で絶大な影響力を誇ってきた理論です。この理論を提唱した英語の学術論文は、[154]諺《ことわざ》の日米比較から始まっています。

日本の諺《ことわざ》は、お馴染みの「出る杭は打たれる」。「集団主義的な日本の社会では、人から抜きんでると叩かれる」というわけです。一方、アメリカの諺《ことわざ》は、「ギーギーいう車輪は油を差してもらえる」。「個人主義的なアメリカの社会では、自己主張をすれば得をする」というわけです。

では、これらの諺《ことわざ》は、「日本人の集団主義」や「アメリカ人の個人主義」の証拠だと言えるのでしょうか？

でも、諺《ことわざ》にも、いろいろあります。諺《ことわざ》が伝える教訓のなかには、たがいに矛盾しているものも少なくありません。

たとえば、日本の諺《ことわざ》のなかから、「先んずれば人を制す」とか、「憎まれっ子世にはばかる」を選んだらどうでしょう？

こちらのほうを「証拠」として採用すれば、「集団の和よりも個人の利益を優先するのだから、日本人は個人主義的だ」と論じることもできるでしょう。

アメリカには、「ボートを揺らすな」という諺《ことわざ》もあります。[68]「一人だけ立ち上がってボートを揺らすと、ボートが転覆して、みんなが迷惑することになる」という戒めですから、この諺《ことわざ》は、「和を大切にせよ」と説いていることになります。「ローマではローマ人のするようにせよ」という有名な諺《ことわざ》もあります。

アメリカの歴史家ダワーは、子どものころ、「首を突き出すな」と親によく言われたものだと語っています。[68]「出る杭は打たれる」と同じ意味の言葉だそうです。

こうした諺《ことわざ》を「証拠」にすれば、「アメリカ人は集団主義的だ」と論じることもできてしまいます。

スローガン

では、憲法十七条や武田信玄の遺訓はどうでしょう？

日本人が「和を大切にしよう」と言いつづけてきたことは、日本が「和の社会」だということの証拠になるのでしょうか？

こんな例が参考になりそうです。

スマートフォンが普及してから、「歩きスマホはやめましょう」という呼びかけをよく耳にするようになりました。テレビの公共広告にも出てきますし、駅のアナウンスやテロップにも出てきます。「危険ですし、お客さま同士のトラブルの原因にもなります」などと言っています。

では、「これだけ頻繁に〝歩きスマホはやめましょう〟と唱えているのだから、日本人は〝歩きスマホ〟はしない国民なのだ」と外国人が主張したら、「なるほど」と思うでしょうか？

まず、思わないでしょう。「変なことを言っている」という気がするのではないでしょうか。

じっさい、東京や大阪のような大都市の繁華街では、「歩きスマホ」をしている人を見かけずにすますことは、1分たりともできません。「歩きスマホ」をしている人が大勢いるからこそ、「歩きスマホはやめましょう」というスローガンが出てくるのです。

スローガンは、目の前の現実を改善しようとして掲げるものです。スローガンを耳にしたときには、「現実はその反対だ」と考えるのが常識的な判断というものでしょう。

日本人論は、「〝和を大切にしましょう〟と言いつづけてきたのだから、日本人は〝和の精神〟をもった国民なのだ」と主張してきました。「日本人は集団主義的だ」という先入観に災いされて、健全な常識が働かなくなっていたようです。

憲法十七条

「和を大切に」というスローガンが何を目標にしていたのかを知るためには、どういう状況で掲げられたのかを考える必要があります。

憲法十七条が制定されたのは、604年ということになっています。この時期には、天皇の権威はまだ確立しておらず、有力な豪族たちを巻きこんだ権力闘争が続いていました。

憲法十七条が制定されるすこし前には、皇族同士の争いで、聖徳太子の叔父（穴穂部皇子《あなほべのみこ》）が殺され、この人を天皇にしようとしていた物部《もののべ》氏は、蘇我氏と闘って敗れ、勢威を失いました（丁未《ていび》の変）。この闘いには、聖徳太子も、蘇我氏とともに参戦しています。その後、蘇我氏が天皇に立てた崇峻《すしゅん》天皇は、その蘇我氏によって暗殺されました。

こうした動乱の時代、天皇家が天皇を中心とした「和」を確立しようとしたことは、きわめて自然な成りゆきだったと言えるでしょう。「和をもって貴《とうと》しとなす」というスローガンは、「和」とは正反対の現実を反映していたわけです。

アメリカでは、大統領選挙で勝利した候補者は、大統領就任式で、必ずといっていいほど、「国民の団結」を呼びかけます。それはそうでしょう。国民が二分したままでは、その後の政治がやりにくくてしかたないでしょうから。「和をもって貴《とうと》しとなす」にも、同じ事情があったわけです。

憲法十七条の成立は、じっさいには604年より後だったのではないかという説もあります。しかし、604年以降も、天皇家にとっては、「和」を望む状況は続いていました。

蘇我氏は天皇家をしのぐ権勢を誇るようになり、聖徳太子の息子（山背大兄王《やましろのおおえのおう》）を攻めて、自害に追い込みます。その蘇我氏は、中大兄皇子《なかのおおえのおうじ》のクーデターで倒されました（乙巳《いっし》の変）。権力を握った中大兄皇子《なかのおおえのおうじ》は、朝鮮半島に大軍を送りますが、白村江《はくそんこう》で唐の艦隊に大敗し、唐の侵攻を恐れる立場におちいります。守りを固めるために、天皇家は中央集権化を図り、豪族たちが持っていた土地と人民を召し上げて、天皇が直接支配する体制を敷こうとします。その中大兄皇子《なかのおおえのおうじ》（のちに天智天皇）が亡くなったあとには、天皇家のなかでの権力争いから、「日本古代における最大の戦乱」と言われる壬申《じんしん》の乱が起きました。

憲法十七条がじっさいに制定された時期がどうあれ、その背景に、天皇家が「和」を希求する状況があったことには、変わりがなかったわけです。

信玄の遺訓

「人は城、人は石垣、人は堀」という言葉の背景にも、似たような事情がありました。

武田信玄は、自分に背いた嫡男《ちゃくなん》を自害に追い込んでいますし、家臣たちを粛清してもいます。そもそも、信玄自身、クーデターで父親を追放して、甲斐の国の守護になったのですから、甲斐の国が「和の社会」だったとは、到底、言えないでしょう。

しかし、時は戦国、まわりの国々はみな敵か、いつ敵になるか分からない国ばかりでした。内輪もめを続けていたのでは、守護の地位を保つことは、できようはずがありません。じっさい、信玄が没したあと、織田信長の侵攻に直面したときには、家臣の裏切りが相次いで、武田家は早々に瓦解してしまいました。

信玄は、たくさんの城を築いていますから、「人の和があれば、城はいらない」と信じていたはずはありません。「人は城……」という遺訓は、団結を保ちがたい現実を前にして、それでも「何とか団結を保ってほしい」という呼びかけだったと考えるべきでしょう。

こうしてみると、「和を大切にしよう」というスローガンは、日本が「和の社会」だったことの証拠どころか、むしろ動乱の時代を映しだす鏡だったということが分かります。

日本人は一枚岩？

日本人論では、日本人が集団主義的に行動する事例がいろいろと挙げられてきました。そういう事例がたくさんあることは、紛れもない事実でしょう。しかし、すこし気をつけてみれば、日本人が個人主義的に行動する事例も、たくさん見つかります。これもまた、紛れもない事実なのです。

欧米人は、日本人を「一枚岩の集団」と見がちです。日本人が集団主義的で、つねに集団に同調するのであれば、当然、集団は「一枚岩」になる道理です。

しかし、思い出してみましょう。日本では、集団の内部で対立が生じることはないのでしょうか？　よく小説やテレビ・ドラマに出てくる会社の派閥争い、あれは根も葉もない絵空事なのでしょうか？

前著『「集団主義」という錯覚』では、内部対立の例として、自由民主党を取り上げました。知事選挙のとき、党の中央と地方組織がそれぞれ別の候補者を立てて争った分裂選挙です。党自体も、何度も分裂しています。ほかの政党も、離合集散を繰り返してきました。

今回は、課徴金減免制度に注目することにしましょう。公共工事の入札では、利益を確保するために、同業者が談合をすることがあります。談合が摘発されると、業者は多額の課徴金を支払わなければなりません。しかし、談合を当局に通報すれば、その業者は課徴金を免除してもらえるか、減額してもらえます。これが課徴金減免制度です。談合を防止するための制度です。

この制度の導入が検討されていたときには、「集団主義的な日本の社会では、こういう制度はうまくいかないだろう」と言われたものでした。しかし、２００６年にこの制度が始まってから10年のあいだに、公正取引委員会に業者が通報した談合は、９３８件にのぼりました。[56] ２０１７年には、リニア中央新幹線の工事で、大林組が談合を申告し、マスメディアで大々的に報じられました。

こうした事例は、「一枚岩の集団」という日本人のイメージを大きく裏切るものです。

アメリカナイズ論

こういった戦後の事例については、「戦後、日本人はアメリカナイズされて、個人主義的になったのだろう。アメリカナイズされる前は、ほんとうに集団主義的だったはずだ」と言われることもあります。この説は正しいのでしょうか？

じっさいには、戦前に目を転じても、日本人が一枚岩ではなかったことを示す事例は、いくらでも出てくるのです。

前著『「集団主義」という錯覚』では、相撲の世界で何度も反乱が起きたという話を紹介しました。反乱を起こしたのは、貴乃花親方だけではなかったのです。

「軍国主義」の時代に、衆議院で斎藤隆夫が反軍演説をしたという事実、大政翼賛会に抵抗した議員が40人近くいたという事実もあげました。

ほかにも、いろいろな例をあげることができます。

たとえば、検閲。戦時中は、新聞や雑誌、映画などは、検閲を受けなければなりませんでした。「国家が検閲をしていた」というのが一般的なイメージですが、検閲を担当していた情報局という部署は、じつは、「国家意志」を一元的に体現する機関ではありませんでした。陸軍や海軍の軍人のほかに、内務省や外務省の役人、新聞社や放送局の人たちまで参加していたので、検閲や戦争宣伝の方針をめぐっては、いろいろな意見が出て、じっさいには激しい内部対立が繰り返されていたのです。[84, 85]

日本が一枚岩だったと思われがちな戦時中ですら、内部対立はあったわけです。ほかに、よく知られた例としては、陸軍のなかでの統制派と皇道派の対立があります。「スパイ学校」として知られている陸軍中野学校でさえ、軍部を批判したり、天皇制の是非を論じたりすることが許されていたそうです。[69] 第6章では、「戦時中も、すべての日本人が一致団結していたわけではない」ということを示す他の実例を紹介します。

さらに、幕末や戦国時代にまでさかのぼれば、日本が一枚岩ではなかったという例が掃いて捨てるほど出てくることは、日本人なら、だれもが知っているでしょう。ただ、欧米人にとっては、それは常識ではないのです。

上意下達のタテ社会？

「タテ社会」論(176)は、「日本の社会は、上が下を支配し、下が上を支えるという構造になっているので、権力の乱用が起こりやすい」と説きました。欧米人が抱いている「全体主義的な日本社会」というイメージにぴったりの見解です。

日本人は、ほんとうに、「上」にはいつも従順で、「下」は「上」を支えるだけなのでしょうか？

そういう例は、枚挙に暇《いとま》がないでしょう。しかし、「下」が「上」に従わないという例もまた、枚挙に暇《いとま》がないのです。

前著『「集団主義」という錯覚』では、その例として、内部告発や闇研を取り上げました。「闇研」というのは、新技術の開発に取り組む技術者が、会社の上層部の中止命令に従わず、「闇」で技術開発を続けるという事例です。この闇研から、ＶＨＳビデオやデジタル・カメラなど、日本を支えた画期的な新技術がたくさん生まれました。

戦前の例としては、外務官僚が政府に反旗を翻した事件や、学校紛擾《ふんじょう》を紹介しました。「学校紛擾《ふんじょう》」というのは、学校当局に対する学生の反乱です。明治から大正、昭和を通じて、小学校から大学まで、いろいろな学校で数多くの反乱が起こりました。

映画『シンドラーのリスト』が公開されてからは、「日本のシンドラー」として、杉原千畝《ちうね》の名が広く知られるようになりました。第二次世界大戦が始まったとき、リトアニアの日本領事館に勤務していた外交官です。

リトアニアには、多数のユダヤ人がナチス・ドイツから逃れてきていました。彼らは、シベリア鉄道に乗って、日本経由で海外に脱出するために、日本領事館に押し寄せました。このとき、杉原千畝《ちうね》は、外務省の訓令に従わず、日本へのビザを発給しつづけ、数千名のユダヤ人の命を救ったと言われています。

学校で習った歴史を思い出しただけでも、自由民権運動、大正米騒動など、下々《しもじも》がお上《かみ》にたてついた例は、たくさん出てきます。五・一五事件や二・二六事件は、その極みかもしれません。教科書にこだわらなければ、秩父困民党、あるいは、数万人の群衆が衆議院を取り囲んだ閥族打破運動など、さらにいろいろと出てきます。

江戸時代の例としては、前著『「集団主義」という錯覚』では、頻発した農民一揆、それに、「主君押込め」の例を挙げました。「主君押込め」というのは、家臣が実力で殿様を座敷牢に幽閉したり、隠居させたりした事例で、江戸時代、日本の各地で見られました。

戦国時代にまでさかのぼれば、家臣の謀反は、もう数えきれません。「敵は本能寺にあり」は言うにおよばず、ほかにも、たとえば、中国地方から北九州にかけて大きな領土を築いた大内義隆は、家臣の陶隆房《すえたかふさ》の裏切りで自害に追い込まれましたし、浅井家は、家臣の阿閉貞征《あつじさだゆき》の裏切りがもとで滅亡しました。

どこの国にも、どの時代にも、権力に唯々諾々と従う人はたくさんいますが、従わない人もいます。従っていた人たちが反乱を起こすこともあります。日本人もその例外ではないのです。

自立した個人

「日本人は、集団のなかで、互いに甘え合い、もたれ合っているので、個人として自立した行動ができない」と言われてきました。これも、大いに眉唾です。

山村新治郎という政治家をご記憶でしょうか？

1970年、「赤軍派」が日本航空の「よど号」をハイジャックしたとき、人質になった乗客を解放させるために、乗客の身代わりとして「よど号」に乗りこんだ人物です。自由民主党の代議士だったので、日本のマスメディアにはあまり良く言われませんでしたが、海外では大いに賞賛され、フランスのマスメディアなど、「わが国に、これほど勇気のある政治家がいるだろうか」とコメントしたとか。赤軍派は、イスラエルと戦っていたパレスチナゲリラと連帯する武闘組織でした。赤軍派の人質になれば、命の保証はなかったのです。これが「自立していない」人間にできる行為でしょうか？

日本人論の信奉者は、戦後、焼け跡から世界的な企業を育てあげたソニーの井深大《いぶかまさる》や、ホンダの本田宗一郎といった起業家たちも、やはり「自立していない」と評するのでしょうか？

建築家の丹下《たんげ》健三は、優美な曲線を描く国立代々木競技場の設計、ナポリの新都心計画の立案などで知られていますが、彼の研究室も、名だたる建築家を輩出しています。ロサンジェルス現代美術館などを設計し、「建築界のノーベル賞」といわれるプリツカー賞を受賞した磯崎新《あらた》。ファン・ゴッホ美術館新館などを設計し、フランス建築アカデミーのゴールドメダルを受賞した黒川紀章《きしょう》。こうした建築家たちも「自立していない」のでしょうか？

第二次世界大戦が終わってから27年間、グアム島のジャングルで独り生きつづけた横井庄一軍曹、フィリピンのジャングルで独り戦争をつづけた小野田寛郎《ひろお》少尉はどうでしょう？

明治時代から戦後まで、権力や、権力に迎合するものを批判しつづけた宮武外骨のようなジャーナリストもいました。[48] 彼の発行した新聞や雑誌は、日本政府やＧＨＱ（連合国軍最高司令部）によって、何度も発禁処分を受けました。

戦時中の「翼賛選挙」では、大政翼賛会の妨害を受けて落選したあと、裁判を起こした立候補者がいましたが、その裁判で「選挙無効」という「気骨の判決」を下した吉田久という裁判官もいました。[52]

昔の日本人

さらにさかのぼって明治時代、日本が開国した当初は、「一旗揚げよう」と沢山の日本人が日本を飛び出しました。[57]

古谷《ふるや》駒平という茨城県人は、最初、アメリカに渡りましたが、日本商品の排斥運動に追われて、明治31年、同じ英語圏のケープタウンに転進しました。日本商品の売買で成功し、目抜き通りに「ミカド商会」という店を開いて、大いに繁盛したといいます。

赤崎伝三郎という熊本県人は、アフリカのマダガスカルに渡り、レストランやホテルなどの経営者として大成功をおさめました。日露戦争のときには、バルチック艦隊がマダガスカルに寄港したことを知らせるために、インドの日本領事館に電報を打ち、現地の官憲に取調べられたそうです。

いずれも、日本からアフリカまで、船で何ヶ月もかかる時代の話です。そんな地に渡って、組織の後ろ盾なしに一旗揚げることは、「甘え合い、もたれ合っている」人間にできることでしょうか？

古来、日本では、数多くの戦乱が起こっています。戦いとなれば、命がけです。矢の雨が飛来し、ギラギラ光る槍の穂先が目の前に突き出されるとき、恐怖に打ち勝って、敵に立ち向かうためには、並々ならぬ精神力が必要でしょう。兵を指揮するためには、自分の頭で考え、すばやく決断を下す知力も必要でしょう。こうした戦闘をくぐり抜けてきた武人たちが、精神的に自立していなかったとは、とうてい考えられません。

平和な江戸時代になってからも、武士にとって、責任の取りかたは切腹でした。自殺に追い込まれときには、「できるだけ痛くない方法で済ませたい」と思うのが人情でしょう。いかにも痛そうな切腹は、だれにとっても、好んで選びたい死にかたではありません。しかし、武士たちは、切腹をしていたのです。その武士たちを「自立していない」と評する人がいたとすれば、不遜の誹《そし》りを免れないのではないでしょうか。

武士だけではありません。「郡上一揆《ぐじょういっき》」「大原騒動」といった江戸時代の百姓一揆では、一揆を組織したり、幕府に訴状を出したりしたリーダーは、ほとんどの場合、死罪に処せられました。それを覚悟のうえで、一揆を率いたのです。

日本人には個性がないのか？

欧米人は、日本人について、よく「みな同じような顔かたちをしていて、個性がありませんね」などと言ってきました。それを真に受けて、日本人自身も、「日本人は、金太郎飴のように、みな同じ顔をしている」などと言うようになりました。ほんとうに日本人には個性がないのでしょうか？

もし、文字どおり「みな同じに見える」のなら、日本人は、互いの顔が識別できないはずです。「美人かどうか」「男前かどうか」などということも、気にならないはずです。もちろん、そんなことはありません。

では、日本人は、見分けのつきにくい顔だちをしているのでしょうか?

心理学では、「人種が違うと、顔がやや見分けにくくなる」という傾向が知られています。[206, 255] 実験で何度も確認されています。白人は黒人の顔を見分けるのが少し苦手、黒人は白人の顔を見分けるのが少し苦手なのです。

欧米人にとって、日本人は別の人種です。ですから、日本人の顔が見分けにくかったとしても、とりたてて不思議なことではありません。

アメリカ人の心理学者がこんなことを書いていました。[98] 「『トラ・トラ・トラ!』(真珠湾攻撃を描いたハリウッド映画)を観たとき、日本人がみな違う顔をしていることに驚いた。自分が驚いたというそのことに恥ずかしい思いをした。」

なんとなく見ていれば、アメリカ人には、日本人の顔はみな同じに見えるのかもしれません。でも、まじまじと見れば、違いが分からないなどということはないのです。「日本人は、みな同じ顔をしている」と評した欧米人は、日本人と本気で向かい合うつもりがなかっただけなのでしょう。

個性的な日本人

　「日本人は……」という抽象論をするのではなくて、日本人を一人ひとり見ていけば、個性的な日本人は、いくらでも見つかります。

　前著『「集団主義」という錯覚』でも、いろいろな人たちを取り上げました。そのなかには、ヨーロッパのオーケストラを指揮する社長さんが３人もいました。じつは、テノール歌手もいます。米澤傑《よねざわすぐる》という人です。鹿児島大学の教授で、癌の研究をしている医学者ですが、テノール歌手として内外の舞台に立ち、ＣＤも出しています。[10]２００５年には、イタリアの音楽祭で歌劇「トゥーランドット」の主役を演じました。

　そのつもりになって探してみると、多彩な才能をもった人は、ずいぶんいるものです。たとえば、秦豊吉《はたとよきち》。戦前、三菱商事の社員としてベルリンに駐在していましたが、レマルクの小説『西部戦線異状なし』を翻訳して、これが日本でベストセラーになりました。随筆家としても名を上げましたが、東京宝塚劇場にスカウトされて、のちに社長になりました。戦後は、帝国劇場の社長を務めました。[54]

　歴史好きなら、個性的な人物の名前は、いくらでも挙げることができるでしょう。中でも特異な人物として、大村益次郎（改名前は、村田蔵六）が目を惹きます。司馬遼太郎の小説『花神』の主人公です。

大村益次郎は、長州の村医者の子で、武士ではありませんでした。しかし、西洋の書物を学んで軍学者になり、幕府による第二次長州征討では、長州軍の参謀をつとめ、みずから山陰方面の軍を指揮して、30倍の兵力を擁する幕府軍を打ち破りました。江戸城が無血開城されたあと、江戸の市中は、幕府の残党が跋扈《ばっこ》して無法状態におちいっていましたが、大村益次郎は、彼らが上野の寛永寺に集結するのを待って、これを一日で撃滅してしまいました。

「西洋の進んだ軍学を学んだのだから、幕府に勝つのはあたりまえだ」と思う人がいるかもしれません。しかし、西洋の軍学書を読んだ人は、幕府側にもいたわけです。それに、ふつうは、軍学書を読んだだけで優れた指揮官になれるというものではありません。

『君主論』で知られるルネサンス時代の才人マキャヴェリには、『戦略論』という著作もあります。それを読んだ軍人に、「実践してみないか」と言われ、平時に2千人の部隊を指揮してみたところ、行進させることはおろか、整列させることもできなかったそうです。[36]

大村益次郎は、じっさいに戦闘を指揮して、立てつづけに勝利をおさめたのですから、いかに稀有な才能の持ち主だったか、よくわかります。

ほとんどの欧米人は、日本人について、こうした知識を持っていません。個人についての情報がないのですから、個性がないように見えたとしても、べつに不思議ではないでしょう。欧米人に「日本人は個性がない」と言われたからといって、それを真に受ける必要はないのです。

欧米人は個人主義的か？

「日本人は集団主義的だ」とか、「日本人には個性がない」とか言うとき、比較の対象は、ほとんどの場合、欧米人です。にもかかわらず、日本人論は、日本人についての事例ばかり云々し、欧米人との比較をきちんとすることは、滅多にありません。たいがいは、「個人主義的な欧米人」「個性的な欧米人」という漠然としたイメージが頭にあって、そのイメージと比較しているだけです。

たとえば、「戦時中は隣組という組織があって、反戦的な言動をすると、隣組の人に密告されることもあった」というような話を聞くと、「やはり、日本人は集団主義的だから……」と思ってしまいます。「欧米人は個人主義的だ」というイメージが頭にあるので、「欧米人なら、近所の人を密告したりはしないだろう」と何となく思ってしまうわけです。

しかし、現実には、こんな例もあります。７月４日はアメリカの独立記念日で、この日は花火が恒例になっています。しかし、２０１２年の独立記念日は、空気がひどく乾燥していたので、多くの州が花火を禁止しました。この日のＡＢＣニュースによると、ニューヨーク市警は、隣人の花火を密告したひとに千ドルの報奨金を出すと布告したそうです。

勝手につくりあげたイメージとではなく、現実の欧米人と比べてみれば、話は違ってくるかもしれないのです。

「個人主義的な欧米人」のなかでも、アメリカ人は「世界でいちばん個人主義的だ」という定評があります。西部開拓時代のフロンティアでは、未開拓の自然や先住民、無法者などを相手に、自力で生き抜いていかなければならなかったのですから、ほかの国々と比べれば、独立心の強い人たちが多かったとしても、不思議ではありません。

とはいえ、ジョン・ウェインやクリント・イーストウッドが演じるようなガンマンは、お話のなかの登場人物であって、史実とはかけ離れた存在です。ましてや、現代のアメリカ人は、ヨーロッパ人や日本人と同様、整備された社会組織と法秩序のなかで育ってきた人たちです。フロンティアの最前線で生きていた過去のアメリカ人と同列に論じることはできません。

アメリカ人の集団主義

じっさい、現代のアメリカ人を観察していると、集団主義的な言動の例はいくらでも見つかるのです。前著『「集団主義」という錯覚』でも、そうした例をいろいろと紹介しましたが、ここでは、別の例をあげることにしましょう。

まず、アメリカの原子力発電所で働いていた警備員の話。同僚の警備員が勤務中によく居眠りをしていたので、そのことを上司に報告したところ、その上司から「黙っていろ。チームの一員であることに集中しろ」と叱責されたそうです。[12]

これは例外的な事例ではありません。アメリカでおこなわれた調査では、調査対象になった従業員のうち、過去一年間に職場での不正行為を目撃した人は３分の１もいたのに、そのうち半数以上は、上司や同僚の目を気にして、その不正行為を会社に報告しなかったというのです。[(24)]

南カリフォルニアでは、晴天の続くことが多いのですが、ほとんどの人は、洗濯物を外に干さずに、乾燥機を使います。明らかにエネルギーの無駄づかいですが、外に干すと、「見苦しい」と近所から文句が来たり、自治会からルール違反に問われたりするのだそうです。[11]

私は、アメリカでは学生街にしか住んだことがないのですが、日本の官庁から派遣されて、ちゃんとした住宅地に住んでいた友人の話によると、自治会が結構うるさくて、「あの家は、クリスマスが終わっても、戸外の飾りつけをなかなか片づけない」などと、いろいろ文句をつけていたそうです。

特に集団行動が目立つのはスポーツ界でしょう。アメリカでは、よく「チーム・スピリット」が強調されます。

大リーグの大投手グレッグ・マダックスは、連続イニング無死四球のリーグ記録を更新中だった2001年、監督の指示で打者を敬遠し、四球を出したために、記録がストップしてしまいました。悔しかったことは間違いないでしょうが、インタビューでは、「自分が監督でも、同じ指示を出しただろう」と答えたそうです。[7]

2015年のナショナル・リーグ優勝決定シリーズでは、ニューヨーク・メッツのダニエル・マーフィー選手が6試合連続ホームランという新記録を打ちたて、MVP（最優秀選手）のトロフィーを獲得しました。そのときのインタビューで、マーフィー選手は自分を誇ることなく、「これはみんなで勝ち取ったトロフィーだ」と殊勝なことを言いました。

大リーグの選手は、公式の席では、たいがい、こんな答えかたをします。

逆に、日本からアメリカに渡ったイチロー選手は、マリナーズにいたとき、チームメートから「個人成績ばかり気にかけていて利己的だ」と言われ、「チームプレーではない」とアメリカのメディアに叩かれたことがあります。[13]

協調の強制

日本人論は、「集団主義的な日本では、自分勝手な行動をとると、制裁を受ける」と指摘します。しかし、そういう制裁は日本だけのことではありません。アメリカにもあります。

たとえば、アメリカのソプラノ歌手キャスリーン・バトル。日本では、１９８６年にウィスキーのテレビ・コマーシャルで「オンブラ・マイ・フ」という曲を歌って、一躍、有名になりました。この曲を収録したレコードは、３ヶ月で25万枚も売れたそうです。

彼女は、ニューヨークのメトロポリタン歌劇場でいろいろなオペラに出演していたのですが、身勝手な行動で共演者や裏方の顰蹙《ひんしゅく》をかい、メトロポリタン歌劇場から追放されました。以後、ほかの歌劇場でも、オペラに出演することはできなくなってしまいました。

アメリカでは、集団のルールを守らせるために、法律による強制を多用します。

私がニューヨーク州からヴァージニア州に引っ越したときのこと。オンボロのシボレーに荷物を詰め込んで、2日がかりで運転して行ったのですが、引っ越し先の家の前で車を止めると、中年の男性が近寄ってきました。後部座席を指さして、「この州では、封を開けた酒瓶が車のなかにあると、州法で罰せられるぞ」と忠告してくれたのです。見ると、たしかに、少し中味の減ったウィスキーの瓶が窓から見えます。飲酒運転を取り締まるための法律なのでしょうが、そんな法律がありうるとは夢にも思っていなかったので、虚を突かれた思いでした（念のためにつけ加えておきますが、そのとき、私はウィスキーを飲みながら運転をしていたわけではありません）。

1992年、ロサンジェルス市は、大気汚染を減らすために、1台の車に乗る人の数を増やそうとして、大きな企業には、実施計画を立てるように要求しました。計画の推進に熱心でない企業には罰金を科すか、最高経営責任者を投獄するという規定を設けたそうです。[3]

ウィスコンシン州では、2001年、公立学校の生徒は、毎朝、国にたいする忠誠の「誓い」を暗唱するか、国歌を斉唱しなければならないという州法が成立しました。[6] もし、日本でこのような法案が提出されたら、「軍国主義の復活だ」と大反対が巻き起こることは必定《ひつじょう》でしょう。

身についた集団主義

『ハーツ・アンド・マインズ』というアメリカ映画があります。ヴェトナム戦争の実態を描いたドキュメンタリー映画です。アカデミー賞（長編ドキュメンタリー部門）も受賞しています。

この映画に、ヴェトナムで捕虜となり、帰還してから、英雄として故郷の町に迎えられた軍人が登場します。この軍人は、スピーチでこう語ります。「子どもは、ルールに従い、権威を尊ぶことを母親から学びます。これが、軍隊に入ってからの教育の基礎になるのです。」

同じ映画のなかで、インタビューを受けた市民は、こう答えています。「政府には従うものだと教えられてきた。だから、招集されれば入隊する。」

多くのアメリカ人が、「集団と協調せよ」という教育を受けているわけです。

こうした発言は、政府や軍隊へのただのリップサービスというわけではありません。自発的に、あるいは無意識のうちに、集団行動をとる例も珍しくないのです。

「ずる」を調べた実験があります。[32]「〝ずる〟をすれば、咎《とが》められることなく、〝ずる〟をしない場合より沢山のお金がもらえる」というとき、人がどれだけ「ずる」をするか、それを調べた実験です。その実験では、サクラ（内緒で実験者に協力している人）が、誰の目にも明らかな「ずる」をしてみせました。被験者はアメリカの大学の学生だったのですが、サクラが別の大学の学生だと分かっていた場合には、つられて「ずる」をすることは、あまりありませんでした。ところが、サクラが自分の大学の学生だと分かっていた場合には、その4倍もの「ずる」をしたのです。自分が属している集団のメンバーには同調したというのですから、明らかに集団主義的な行動です。

1998年には、テネシー州の高校で異臭騒ぎがありました。[5]女性教師が「ガソリンのような異臭がする」と言いだしたのが発端で、百人もの生徒や職員が病院で手当を受け、そのうち38人が入院するという騒ぎになりました。しかし、科学的な検査では、有害物質は検出されませんでした。調査の結果は、「集団的な心因性の症状」。集団に同調して心身の不調が起こるという現象、いわゆる「集団ヒステリー」です。日本でも、「光化学スモッグ」がマスメディアで騒がれていたときには、似たような事件が起こりましたが、アメリカでも起こるわけです。

アメリカでは、集団活動も盛んです。「セカンド・バプティスト」という宗派では、「独身者の会」「離婚経験者の会」「アルコール依存症者の会」といったグループが千以上も組織されているそうです。[4] ハーバード大学で歴史学の教授を務めた入江昭は、「米国人は何かと団体をつくって段々と声を大きくしていく」と述べています。[9]

事例の限界

ここまで、日本人が個人主義的にふるまう事例、アメリカ人が集団主義的にふるまう事例を見てきました。「事例はダメだと言いながら、自分も事例の話ばかりしているではないか」と言われそうですが、事例を並べたのは、「日本人は個人主義的だ」とか、「アメリカ人は集団主義的だ」とか、そういうことを言いたかったからではありません。

事例を使って証明したかったのは、こういうことです――日本も、アメリカも、億を超える数の人間がいる国です。昔の人たちも合わせれば、「日本人」も「アメリカ人」も膨大な数になります。また、どちらの国にも、団結を必要とする状況もあれば、好きにふるまえる状況もあります。ですから、その気になって探してみれば、日本でも、アメリカでも、個人主義的な行動の例、集団主義的な行動の例は、いくらでも見つかるのです。

都合のいい事例だけを選んでくれば、「日本人はアメリカ人より集団主義的だ」という通説を「証明」することもできるでしょうが、逆に、「日本人はアメリカ人より個人主義的だ」という主張を「証明」することもできるのです。

さらに悪いことには、事例に頼っていると、「確証バイアス」の餌食《えじき》になる恐れがあります。「確証バイアス」というのは、なにか先入観をもっていると、「その先入観に合った事例ばかりに目を奪われてしまう」という思考のバイアスです。「日本人は集団主義的だ」と思っていると、この確証バイアスのせいで、それに合った事例ばかりが目につくことになり、「通説は正しい」という誤った確信を抱いてしまうのです。この確証バイアスについては、第7章で、もうすこし詳しくお話しすることにしましょう。

科学的な研究が不可欠

こう考えてみると、「事例だけに頼っていたのでは、事実を正確に見きわめることは難しい」ということが分かります。

ところが、日本人論の「証拠」の大半は、事例なのです。

杉本とマオアは、日本人論の代表的な書物を四冊選んで、「日本人は……」というような言明をしているとき、何が「証拠」になっているのかを調べました。[212]言明の半分ぐらいは、何の証拠にも裏づけられていなかったのですが、「証拠」があげられていた場合も、その大半は事例でした。たとえば、『ジャパン・アズ・ナンバーワン』[238]の場合は、証拠の79％が事例でした。『タテ社会の人間関係』[176]の場合は61％が事例でした。残りは、主に「権威者の意見」や「自分の権威」などでした。「権威者の意見」というのは、「有名な人がこう言っている」という「証拠」です。「自分の権威」というのは、「自分はこう思う」という「証拠」です。いずれも、客観的な証拠とは言えません。

事例だけでは充分な証拠にはならないわけですから、日本人論が「日本人は集団主義的だ」という通説を証明しているとは、とても言えないでしょう。この通説が正しいのかどうかを見きわめるためには、もっと確かな証拠が必要なのです。

その確かな証拠を提供してくれるのは、科学的な研究です。

第3章
「個人主義的な」アメリカ人と比べてみると

「日本人は集団主義的だ」という通説が正しいのかどうか、事例に頼らずに、確実に見きわめるためには、どうすればいいのでしょうか？

この章では、まず、どういう方法が適切なのかを考えます。その上で、適切な方法で調べたとき、この通説が正しいと言えるのかどうか、改めて考えてみることにしましょう。

適切な方法とは？

「日本人は集団主義的だ」という通説が正しいのかどうかを検証するためには、最低限、必要な条件が3つあります。第1の条件は、「比較をすること」です。

ほかの国、ほかの文化の人たちと比べなければ、「日本人は集団主義的だ」とは言えません。じっさいには、ほとんどの場合、比較の対象は欧米人です。ですから、通説を検証するためには、日本人と欧米人をきちんと比較する必要があります。日本人論のように、日本人のことばかり云々《うんぬん》するのは論外ですが、欧米人のイメージと比較するのも、もってのほかです。現実の欧米人と比較しなければなりません。

第2の条件は、「同じような人たちを比較すること」です。

たとえば、日本人とアメリカ人の身長を比較するとき、投手と打者の「二刀流」で活躍している大谷翔平選手と人気スターのトム・クルーズを比較したとします。大谷選手の身長は１９３㎝。トム・クルーズの身長は、公表されていませんが、１７０㎝ぐらいだろうと言われています。大谷選手がトム・クルーズよりずっと背が高いということから、「日本人のほうがアメリカ人より背が高い」と結論していいでしょうか？

むろん、いいわけがありません。大谷選手は、並の日本人より、はるかに背が高いのです。一方、トム・クルーズは、アメリカ人のなかでは、背が低いほうです。この二人を比べても、「日本人は……」「アメリカ人は……」という一般論ができるはずはありません。

私たちは、すでに「たいがいのアメリカ人は、日本人より背が高い」という知識を持っています。ですから、この比較がおかしいということは、すぐに分かります。しかし、そういう知識を持ちあわせていない事柄については、こんなおかしな比較にも、騙《だま》されてしまわないとはかぎりません。

騙《だま》されないようにするためには、「同じような人たち」を比較する必要があるわけです。たとえば、平均的な身長のアメリカ人と、平均的な身長の日本人との比較。あるいは、ランダムに選んだアメリカ人たちと、ランダムに選んだ日本人たちとの比較。そういう比較です。

第3の条件は、「同じ状況で比較すること」です。

たとえば、「軍隊」という状況のなかでは、みな上官の命令に服従します。それは、旧日本軍だけのことではありません。アメリカ軍の場合も同様です。上官の命令を受けた兵士は、「イエス、サー」と言って従います。新兵の訓練を受けるとき、「目隠しをして、たがいに殴り合え」と言われれば、殴り合います。[70] 一方、友だち同士の飲み会という状況では、日本人も、アメリカ人も、誰かの指示に絶対服従したりはしません。

では、軍隊のなかで上官に服従しているアメリカ人と、飲み会で気ままに騒いでいる日本人を比べて、「アメリカ人は日本人より集団主義的だ」と結論できるでしょうか？

むろん、できません。同じ人でも、状況が変われば、行動も変わるのですから、人と人を比べるためには、同じ状況で比べなければ、意味がないのです。

ほかにも、比較をする場合には、いろいろな問題が出てきます。たとえば、ほんとうは違いがなくても、偶然に違いが生じてしまうこともあります。この問題に対処するためには、統計的な手法を使います。

こうしたさまざまな対策を講じた上で比較をするのが、科学的な研究です。さいわい、心理学では、１９８０年代から、集団主義・個人主義について、科学的な国際比較研究がさかんにおこなわれてきました。そういう研究の結果はどうなっているのでしょうか?

日本人をアメリカ人と比較する

科学的な国際比較研究の数がいちばん多いのは、日本人とアメリカ人の比較です。アメリカ人は、「世界でいちばん個人主義的だ」と言われてきましたから、比べるには絶好の相手です。もし、通説が正しくて、日本人が集団主義的だとしたら、当然、「日本人はアメリカ人より集団主義的だ」ということになるはずです。

集団主義・個人主義についての科学的な研究は、大きく分けて2種類あります。調査研究と実験研究です。

調査研究では、調査に協力してくれる被検者に調査用紙を配ります。その調査用紙には、被検者が集団主義的か個人主義的かを調べるための項目が並んでいます。

たとえば、「息子が父親の事業を受け継ぐのはあたりまえだ」という項目があって、被検者は、それに同意するか、反対するかを答えます。[45] 集団主義的な人なら、家族という集団を第一に考えますから、同意するでしょう。個人主義的な人なら、自分を第一に考えますから、家族に縛られることを嫌って、反対するでしょう。

たいがいは、同意の程度、反対の程度も尋ねられます。たとえば、「強く同意する」「同意する」「どちらとも言えない」「反対する」「強く反対する」というような選択肢があって、どれかに丸をつけます。

同意や反対の程度をどれぐらい細かく尋ねるかは、調査によって違います。いまの例では5段階ですが、7段階、9段階、といろいろです。

項目は1つだけではなく、たくさん用意されています。「どんな仕事をするか決めるとき、私は親友の意見は全く気にしない」とか、「親戚の人がお金に困っていると聞いたら、できる範囲内で援助する」とかいった項目です。[45] 項目ごとに、想定する状況が違っています。いろいろな状況で、被検者の行動や考えかたを調べようというわけです。

じっさいにとった行動の調査

「じっさいに経験した状況で、どういう行動をとったかを思い出してもらう」というタイプの項目が使われることもあります（場面想定法）。たとえば、「あなたがしようと思っていたことについて、あなたとあなたの両親とで意見が違っていた場合を思い出してください。つまり、あなたのしようと思っていたこととは別のことを、両親があなたにさせたいと思っていたのです。その場合どうしましたか？」という質問の場合、そういう経験がなければ、「そんなことはなかった」と答えることもできますが、そういう経験があったのなら、「両親がさせたがっていたことをした」という答（集団主義的な答）か、「自分がしようと思っていたことをした」という答（個人主義的な答）か、どちらかを選ぶことになります。[96]

ふつうの調査でも、場面想定法の調査でも、たくさんの項目についての答を平均して、その被検者がどれぐらい集団主義的か、個人主義的かを測定することになります。日本人とアメリカ人を比較する場合には、各被検者についての平均値を、日本人のなかで、あるいは、アメリカ人のなかで、さらに平均します。そして、日本人の平均値とアメリカ人の平均値を比較するわけです。被検者の数は、少ない場合で数十人、多い場合には、千人、二千人になることもあります。

平均値を比較するのですから、はじめに挙げた3つの条件のうち、第1の「比較をすること」という条件はクリアできます。被検者を選ぶときには、日本の大学生とアメリカの大学生とか、それぞれの国で無作為抽出された市民とかいった選びかたをするので、第2の「同じような人たちを比較すること」という条件もクリアできます。日本人の被検者も、アメリカ人の被検者も、同じ質問項目に答えるので、「同じ状況で比較すること」という条件もクリアできます。

調査研究の一例

そうした調査研究の結果を1つ見てみることにしましょう[2]。

これは小規模な研究で、アメリカ人の大学生63人と日本人の大学生50人を比較した研究です。調査項目は14、選択肢は5段階でした。この研究の結果は、図1のようになりました。

棒グラフの高さは集団主義の程度を表しています。この図を見ると、集団主義の程度は、アメリカ人のほうが強かったことがわかります。

しかし、統計的なテストにかけると、日本人と

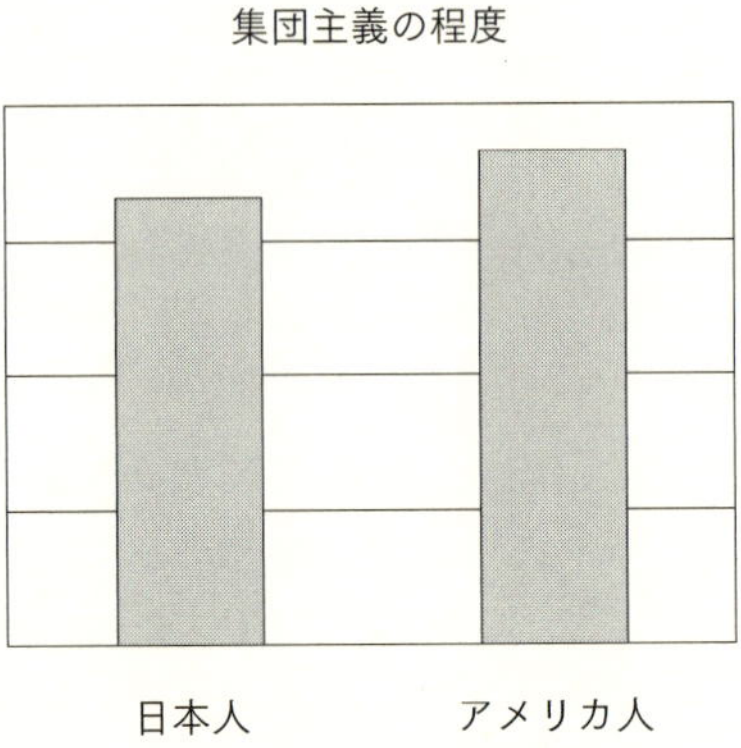

図1　調査研究の結果（例）

アメリカ人の差は「有意ではない」という結果になりました。「この差は、偶然に生じうる程度の差だ」というわけです。

したがって、この研究では、「日本人も、アメリカ人も、同程度に集団主義的だ」と結論することになります。通説が正しければ、「日本人はアメリカ人より集団主義的だ」という結果になるはずですから、これは通説に反する結果です。

同調の研究

いまの例は調査研究でしたが、実験研究の場合は、実験に協力してくれる被験者に、何かを尋ねるのではなくて、何かをやってもらいます。じっさいの行動を観察して、それが集団主義的か個人主義的かを調べるわけです。

「集団主義」の核心は、「協力」と「同調」だと言われています。(54) 集団が結束して行動するのが「集団主義」です。そのためには、互いに「協力」しなければなりません。また、ひとり異を唱えて譲らない人がいたのでは、「協力」が成り立たないので、集団に「同調」することも必要になります。

同調については、心理学には、20世紀の半ば、アメリカでおこなわれた非常に有名な実験があります。[50]
　その実験では、実験に参加した被験者は、とても簡単な課題に答えます。図2のような2枚のパネルを見せられて、右のパネルにある3本の線のなかから、左のパネルにある線と同じ長さの線を選ぶのです。図2の場合なら、「2」と答えれば、正解です。
　右のパネルにある3本の線は、長さにはっきりとした違いがあるので、どれが同じ長さの線なのかは、すぐに分かります。一人でやれば、まず間違えることのない簡単な課題です。
　この実験のミソは、1人で判断をするのではなく、集団のなかで判断をす

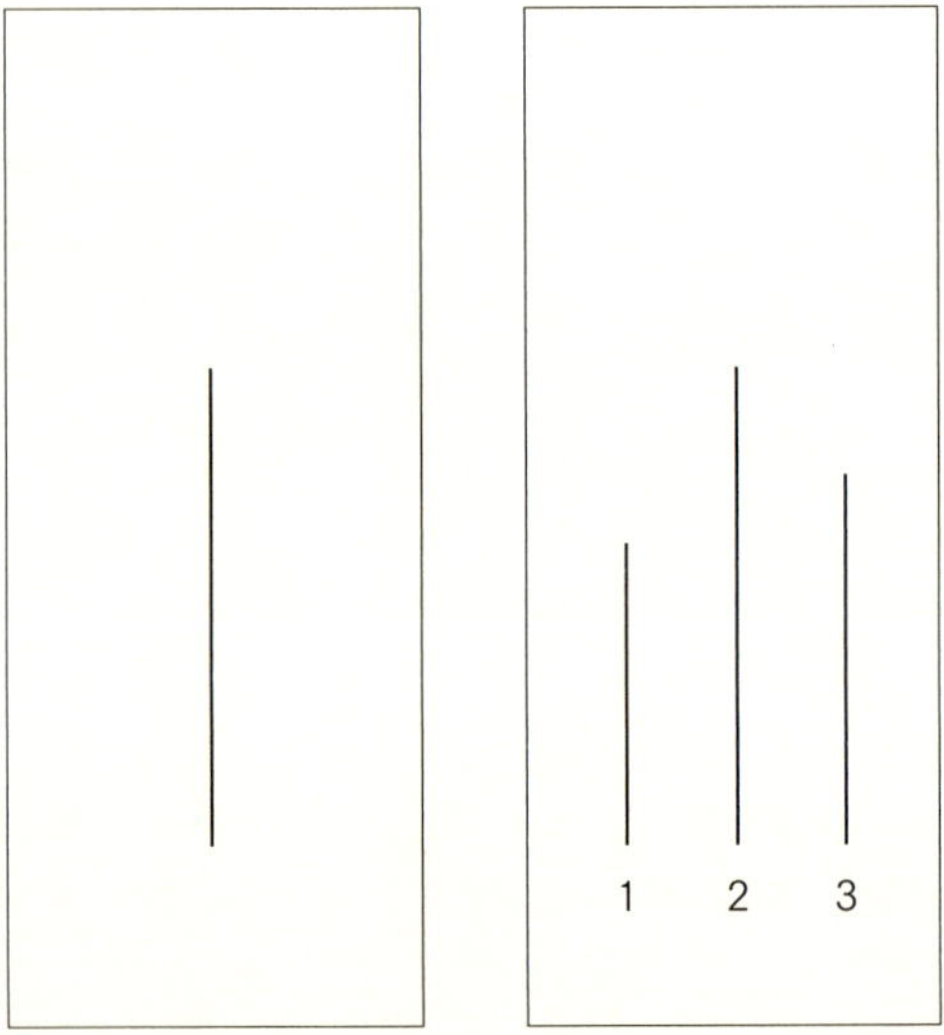

図2　同調実験の課題例

ることです。たとえば、被験者は8人いて、ひとりずつ順番に、声に出して答を言っていきます。8人のうち、ほんとうの被験者は1人だけで、あとの7人は、全部サクラです。つまり、実験者と内通している人たちなのですが、ほんとうの被験者は、そのことを知りません。自分と同じ被験者だと思っています。

ほんとうの被験者は、7番目に答を言います。つまり、前に6人の被験者（サクラ）が順番に答を言った後で、自分の答を言うのです。

図2のような2枚のパネルを18組見せられるのですが、そのうち12組については、サクラたちが、わざと間違った答を言います。たとえば、図2の場合なら、前の6人の被験者（サクラ）がそろって、次つぎに「1」と答えるのです。

さあ、このとき、ほんとうの被験者はどう答えるでしょうか？

「自分ひとりだけ、違う答は言いづらいなぁ」と思って、みなと同じく「1」と答えたら、同調したことになります。あくまでも自分の目に映ったとおり、「2」と答えたら、同調しなかったことになります。どういう答をしたかで、集団主義的か、個人主義的か、分かるという仕掛けです。

アメリカでおこなわれた最初の実験では、ほんとうの被験者がサクラに同調した割合（同調率）は37％でした。その後、アメリカでは、同じ実験が8回おこなわれたのですが、同調率の平均値は25％でした。[61]（最初の同調率が37％と非常に高かったことについては、「赤狩りの時代だったからではないか」等、いろいろな解釈があります。）

日本人の同調率

もし通説が正しくて、日本人がアメリカ人より集団主義的なのだとしたら、日本人の同調率は、アメリカ人の同調率より遥かに高くなるはずです。そう考えたアメリカ人の心理学者が日本にやって来て、日本で同じ実験をしました。[76]

結果はどうだったのでしょうか？　37％よりずっと高くなったのでしょうか？

いいえ、日本人の同調率は25％にすぎなかったのです。

その後、ほかの研究者たちが、日本人を被験者にして、同じ実験を3つおこないましたが、最初の実験も含めた4つの実験で、同調率の平均値は23％でした。[221]

しかし、これらの実験は、次のような批判を受けました——「日本人が同調するのは、自分が所属している集団（内集団）だけだ。実験の被験者は、大学のキャンパスから寄せ集めた学生たちだったので、同調率が高くならなかったのだろう。同じサークルに所属しているような場合には、同調率はずっと高くなるはずだ」[90]。

同じ大学の学生なら、「同じ集団に所属している」と言えなくもないのですが、私は、同じサークルに所属している学生ばかりを集めて、この実験をやってみました[94]。同調率は高くなったでしょうか？

さにあらず。25％にすぎなかったのです。

同調実験の結果をまとめてみると、図3のようになります（アメリカ人の結果は、最初の実験の37％という数値を除いて、8つの実験の同調率を平均した結果です）。集団に同調する傾向は、通説

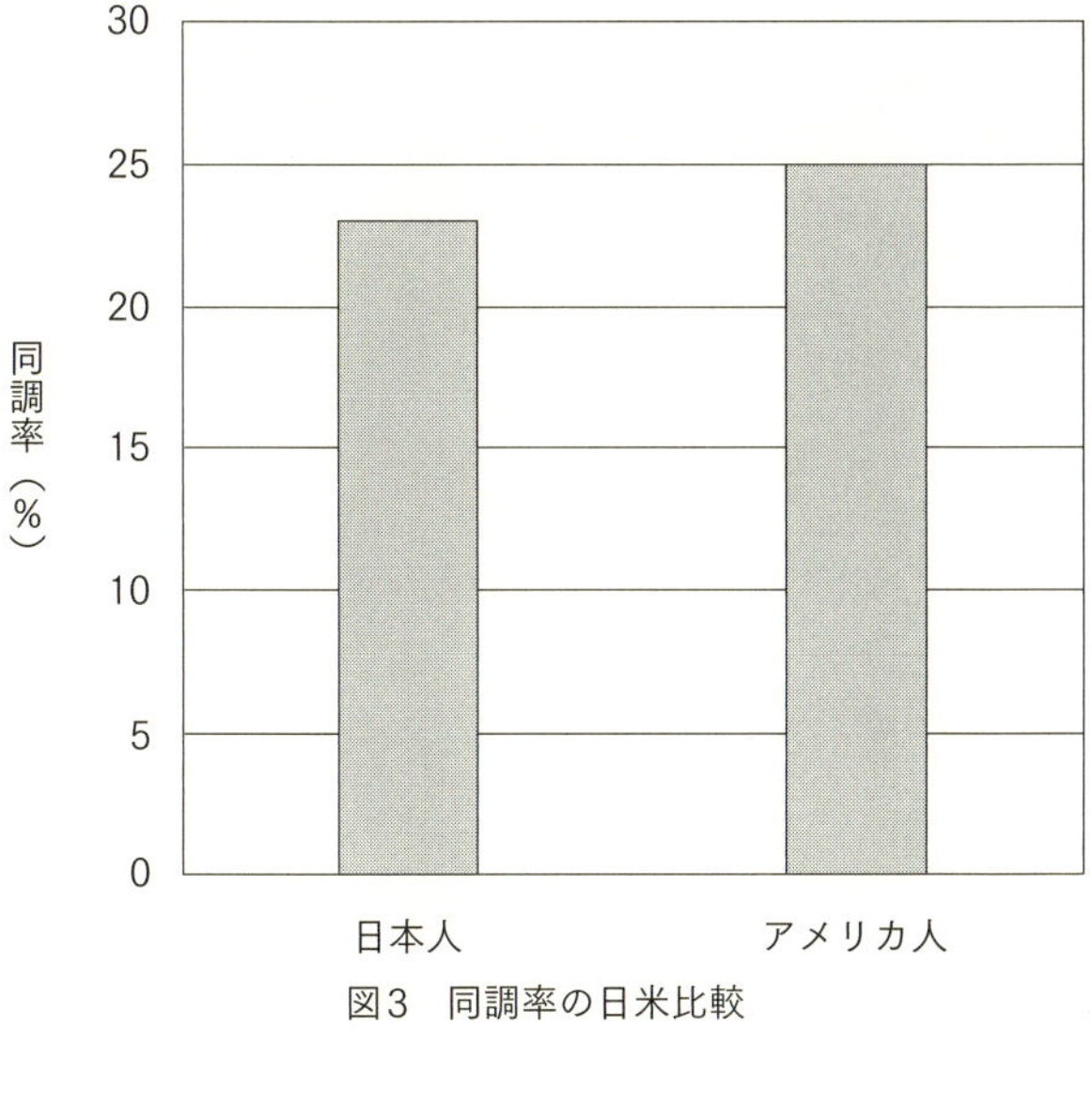

図3　同調率の日米比較

に反して、日本人も、アメリカ人も、ほとんど変わらないことが分かります。

協力の研究

心理学には、協力を調べた実験もあります。たとえば、こんな実験です[250]。

3人の被験者が一緒に実験に参加します。各自、問題に答えて、正解だとお金がもらえます。これを20回繰りかえします。

どの被験者も、毎回、協力をするかしないか、選ぶことができます。

協力する場合には、協力した人たちがその回に稼いだお金を合計して、それを等分した金額をそれぞれが受け取ることになります。自分の成績が良くなくて、ほかの人たちの成績が良かった場合には、得をすることになります。逆に、自分の成績が良くて、ほかの人たちの成績が良くなかった場合には、損をすることになります。

協力しない場合には、自分の成績に応じたお金がそのままもらえます。

図4の「罰なし」のところには、協力しなかった回数の平均値がプロットしてあります。日本人は、平均して8回とすこし、アメリカ人は7回ぐらいでした。日本人のほうが非協力的だったわけですが、この差は、統計的なテストにかけると、「有意ではない」という

結果になりました。「偶然に生じうる程度の差だ」ということなので、実質的には、差はなかったと考えることができます。それでも、「日本人はアメリカ人より集団主義的だ」という通説が正しければ、「日本人のほうが非協力は少ない」ということになるはずですから、「差がない」という結果は、通説に反しています。

この実験には、「罰あり」条件もありました。この条件では、協力しない場合には、もらえるお金が半分にされてしまいます。これが「罰」です。この条件の結果は、

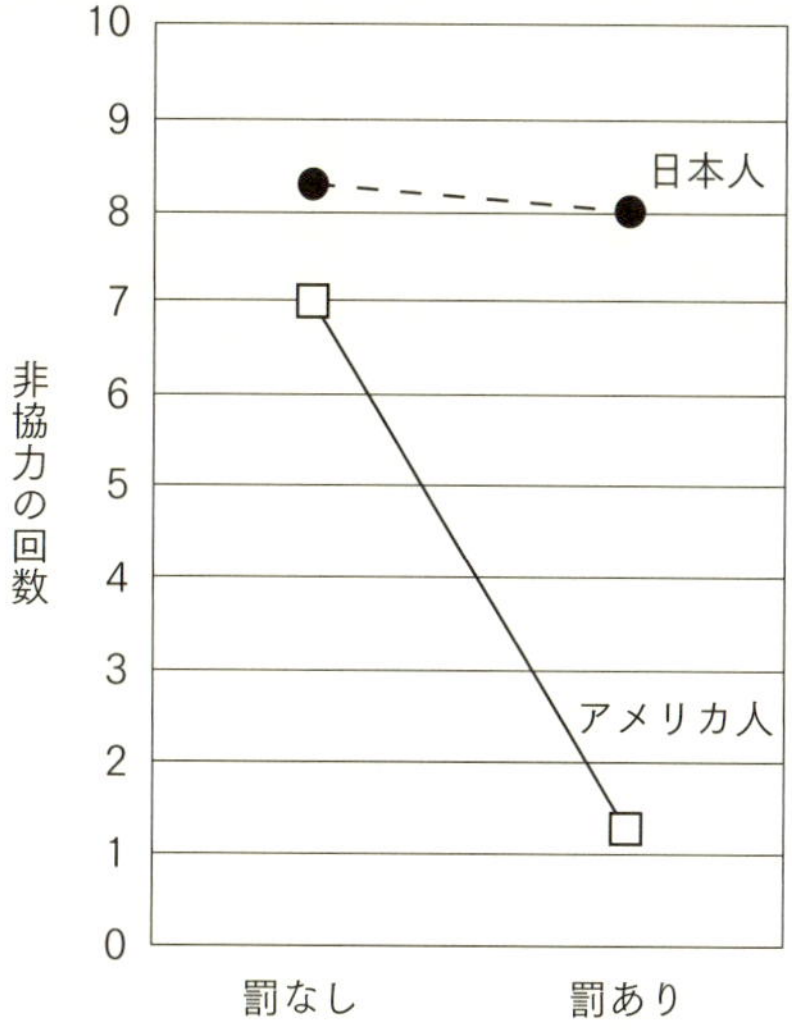

図4　協力実験の結果（例）
出典：Yamagishi, T.（1988）Exit from the group as an individualistic solution to the free rider problem in the United States and Japan. Journal of Experimental Social Psychology, 24, 530-542.

図4の「罰あり」のところにプロットしてあります。

日本人の被験者は、罰があるかないかには、ほとんど影響されませんでした。罰を受けて、稼げるお金が半分にされようとも、20回のうち半分近くは協力せず、独力でやることを選んだのです。一方、アメリカ人の被験者は、罰がある条件では、非協力が激減しました。

「罰あり」条件では、統計的なテストにかけると、日本人とアメリカ人の差は「有意」でした。この大きな差が偶然に生じる可能性は、「千回のうち一回もない」ほど低いという結果だったのです。つまり、「日本人のほうが個人主義的だ」というわけです。通説とは正反対の結果です。

全体の結果を予測する

集団主義・個人主義の程度を調べた国際比較研究のなかで、日本人とアメリカ人を比較した研究は、全部で35件見つかりました。[93] 調査研究が23件、実験研究が12件です。

もし通説が正しければ、その35件の研究のうち、大部分は、「日本人のほうがアメリカ人より集団主義的」という結果になるはずです。統計学では、「偶然、間違った結果になってしまう研究も、5％ぐらいはあっても不思議ではない」と考えます。だとすると、図5aのようなパターンになるはずです。「大部分の研究は、〝日本人のほうが集団主義的〟という結果になるけれども、〝差がない〟とか、〝アメリカ人の方が集団主義的〟とかいった結果になる研究も少しだけある」というパターンです。

もし通説が間違っていて、日本人も、アメリカ人も、同じように集団主義的、同じように個人主義的だとしたら、図5bのようなパターンになるはずです。「大部分の研究は、〝差がない〟という結果になるが、〝日本人のほうが集団主義的〟とか、〝アメリカ人のほうが集団主義的〟とかいった結果になる研究も、少しはある」というパターンです。

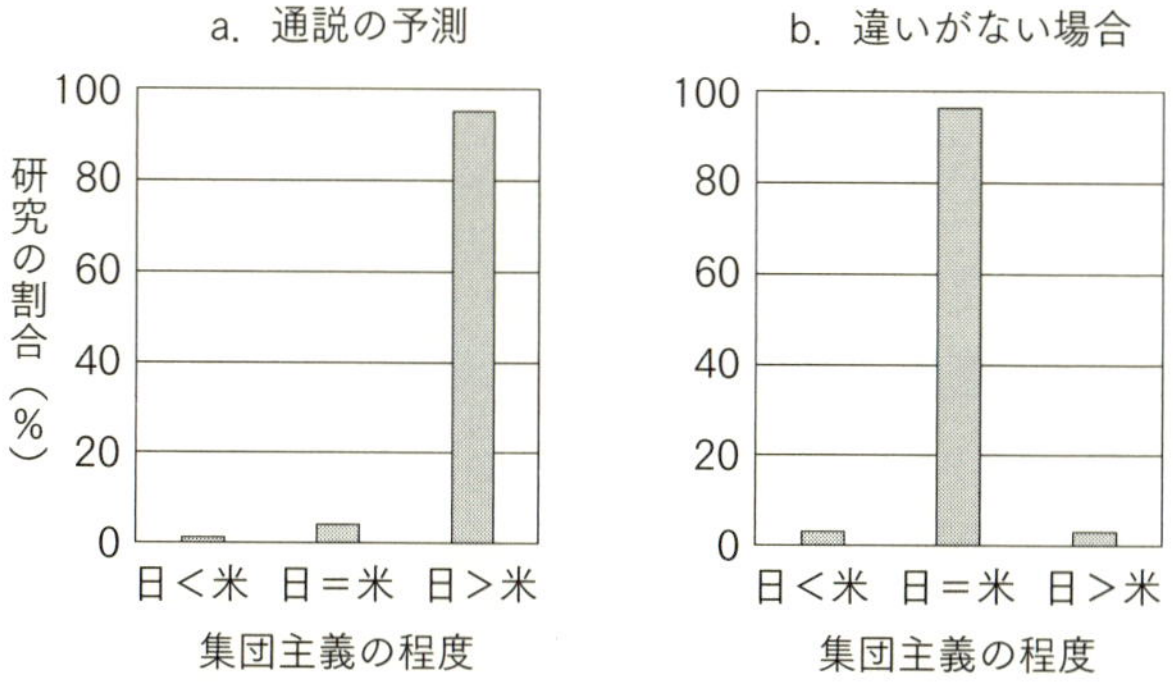

図5　研究結果の予測

じっさいの結果は？

じっさいには、35件の研究の結果は、図6のようなパターンになりました。[93]「日本人とアメリカ人のあいだには差がない」という研究が半分以上を占めていたのです。通説が正しい場合に予測される結果（図5a）とは、まったく違っています。「ほんとうは差がない」という場合に予測される結果（図5b）とよく似たパターンです。

　つまり、科学的な日米比較研究は、全体としては、通説を支持していないのです。

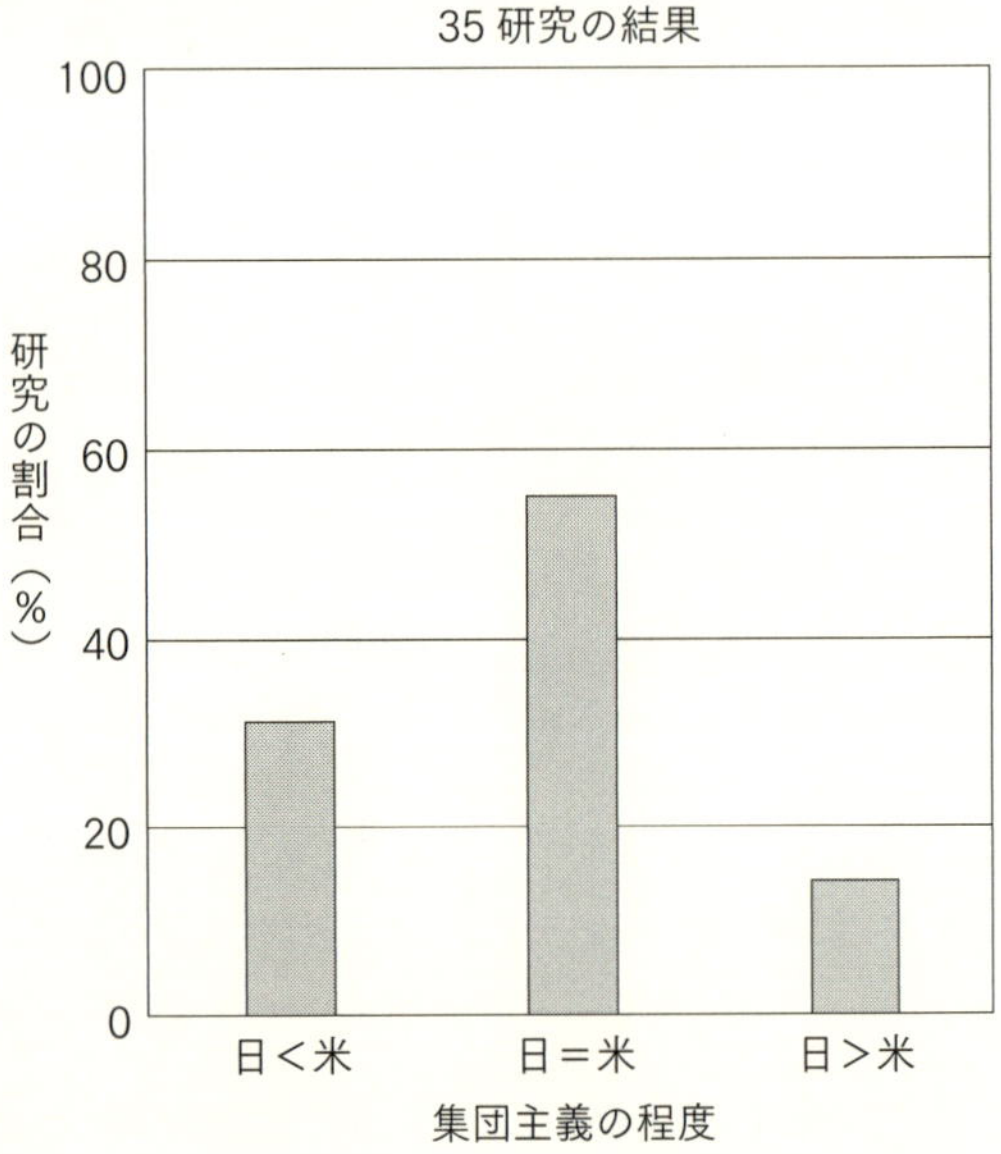

図6　実際の結果：35研究の結果

予測（図5b）との目立った違いは、「日＝米」の割合がずっと小さいことです。これは、おそらく、「出版バイアス」のせいでしょう。もう何十年も前から指摘されてきたことなのですが、[88, 29] 学術雑誌では、「差がなかった」という研究は、論文としては出版されにくいという傾向があります。これが「出版バイアス」です。じっさいには、「日＝米」という結果になった研究が沢山あったとしても、「出版バイアス」のせいで、論文として出版されず、図6には反映されなかった」という可能性が濃厚です。

図6で「日＝米」に分類されている論文のなかでも、「差がなかった」という結果だけを報告している論文は、ほとんどありません。調査研究の例として、図1に結果を示した研究[2]の場合も、集団主義・個人主義とは別の事柄について、日本人とアメリカ人のあいだに「統計的に有意な差」を報告しています。だからこそ、論文になり、ついでに、集団主義・個人主義について「差がなかった」という結果も、日の目を見ることになったわけです。

価値観の調査

これら35件の研究は、どれも、集団主義・個人主義の程度を調べるために作られた調査用紙を使った研究でした。それとは別に、価値観の調査にもとづいて、集団主義・個人主義の日米比較をした研究もあります。

価値観の調査というのは、「何が大切だと思っているか」を調べる調査です。価値観を調べる項目のなかには、集団主義・個人主義と関連が深いものもあります。たとえば、「自分の能力を発揮し、賞賛されることは大切だ」という項目は、個人主義と関連が深いように見えます。「政府が強力で、安全を保障してくれることは大切だ」という項目は、集団主義と関

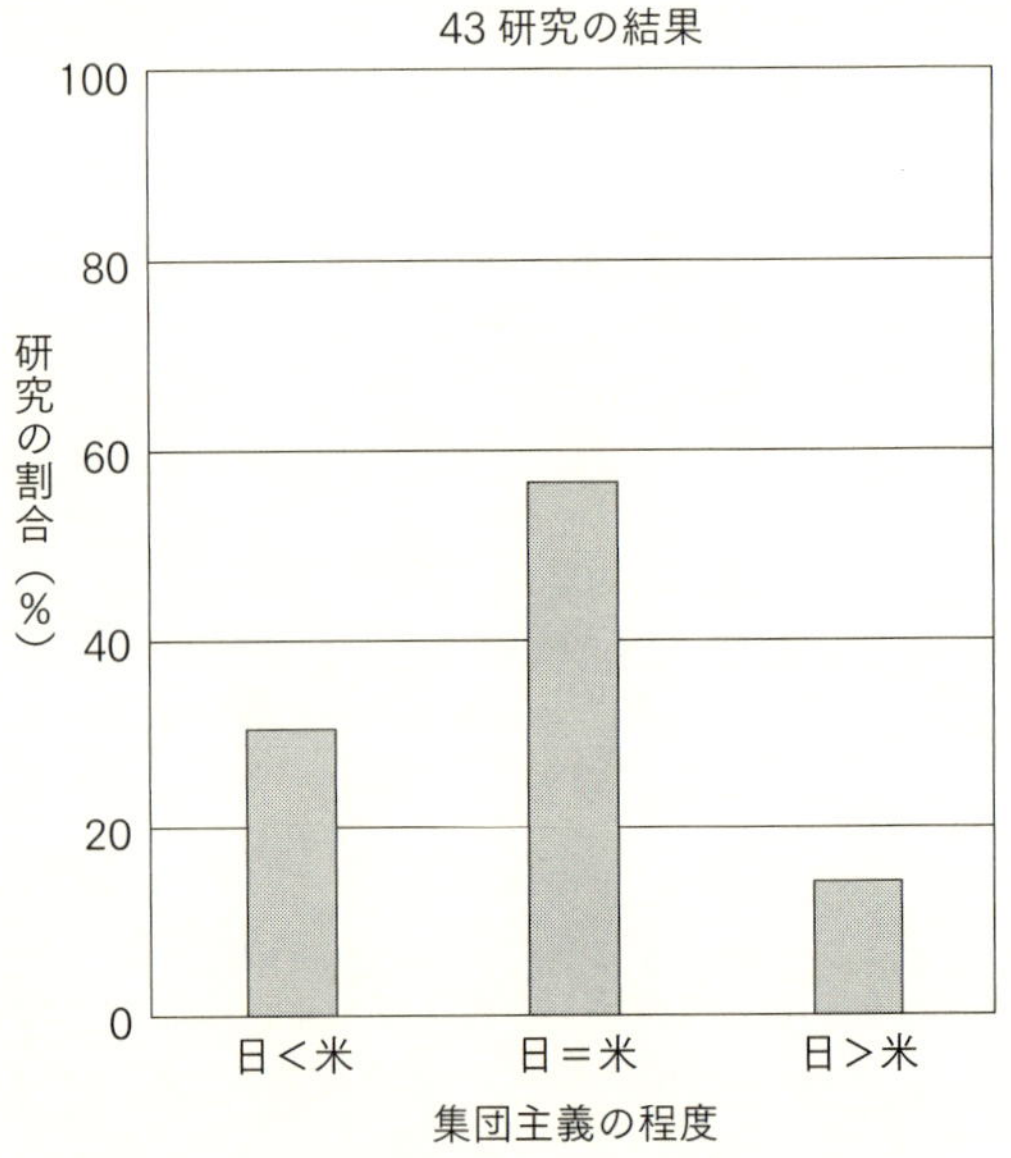

図7　価値観調査を含めた43研究の結果

連が深いように見えます。

こういう項目を選んで、日本人とアメリカ人を比較した調査研究が8件ありました。それを先ほどの35件の研究に加えて、全部で43件の研究を分類してみると、図7のようになりました。[93]

価値観の調査を入れても、結果はほとんど変わらないことが分かります。通説と一致する研究は14％ほどしかなく、残りの86％は、「日本人とアメリカ人のあいだに差はない」という研究にしても、「アメリカ人のほうが日本人より集団主義的」という研究にしても、通説とは矛盾する研究ばかりなのです。

ホフステーデの研究

科学的な国際比較研究の結果は、全体としては、この通りなのですが、科学的な方法にもとづいた研究といっても、すべての研究が信頼できるわけではありません。中には疑問符がつく研究もあります。

通説を支持する研究の代表格は、オランダの社会心理学者ヘールト・ホフステーデがおこなった調査研究です。ホフステーデは、世界中のＩＢＭ従業員を対象に、職業にかかわる価値観の調査をおこない、そのデータを分析して、「個人主義指標」という物差しをつくりました。

彼はこの物差しを使い、個人主義の程度に応じて、50の国と3つの地域（「アラブ諸国」等）を序列化しました。[98, 99] すると、もっとも個人主義的だったのはアメリカ合衆国で、上位はすべて西欧諸国が独占するという結果になりました。日本は22位と中ほどに位置していました。

「もっとも集団主義的」なはずの日本が最下位にならなかったことには、ホフステーデも驚きを表明していますが、それ以外の点では、この序列は、個人主義についての「常識」と一致しています。そのため、この研究は大評判になり、社会心理学では、これをきっかけに、たくさんの研究者たちが集団主義・個人主義についての国際比較研究を手がけるようになりました。

ホフステーデのこの研究は、経営学の分野にもインパクトを与えました。「グローバル企業は、文化を考慮に入れた経営をする必要がある」という認識が広まったのです。企業を対象に、文化についてアドバイスをする「ホフステード・インサイツ」という会社も設立されました。

ホフステーデの誤り

大多数の研究者は、ホフステーデの序列が「常識」と一致していたことを見て納得したようでしたが、私はその序列が正しいのかどうか、きちんと調べてみることにしました。具体的には、個人主義を表している調査項目、集団主義を表している調査項目、それぞれの内容を調べてみたのです(221)(専門的にいうと、「因子分析でプラスの因子負荷量とマイナスの因子負荷量が大きい調査項目の内容を調べてみた」ということになります)。

この調査では、被検者は、それぞれの調査項目について、「あなたの理想とする仕事にとってどれだけ重要ですか?」という質問に答えました。集団主義を表しているはずの調査項目は、「技能を向上させたり、新しい技能を修得したりするための訓練の機会があること」、「良い物理的な労働条件(良い換気、照明、適切な作業空間など)が備わっていること」というような項目でした。「自分より集団を大切にする」のが「集団主義」だということを考えると、これらの調査項目は、じっさいには集団主義とは何の関係もないということが分かります。

個人主義を表しているはずの調査項目は、「あなたの個人的な、あるいは家族の生活に充分な時間を残してくれるような仕事をもつこと」というような項目でした。おそらく、ホフステーデは、「個人的な」という言葉に反応して、「個人主義だ」と思ってしまったのでしょう。しかし、この項目には、「家族の生活」という言葉も出てきます。家族は集団です。「家族のために、自分のことは我慢する」というような行動は、ふつうは、典型的な「集団主義的行動」だと判断されます。

そうしてみると、ホフステーデは、分析結果の解釈（専門的にいうと、因子解釈）を誤ったということになります。この点については、通説の支持者たちも私の意見に同意していて、論文にこう書いています。[90]「良い物理的な労働条件や訓練の機会を望むことが、どのように人を集団主義的にするのだろうか？　自分の技能を充分に発揮できることが、なぜ個人主義的でないことにつながるのだろうか？」（906頁）。

つまり、ホフステーデの「個人主義指標」は、じつは個人主義の程度を表していたわけではないのです。調査項目をよく調べてみると、この指標は、「集団主義―個人主義」ではなくて、「仕事にたいする基本的な要求―高度な要求」を表しているらしいということが分かります。[220, 221]もとが職業意識調査だということを考えれば、これはすこしも不思議なことではありません。

ホフステーデの研究は、集団主義・個人主義についての最も有名な研究ではありますが、じつは集団主義とは何の関係もない研究だったのです。図６・図７のグラフでは、ホフステーデの研究も、「日本人のほうがアメリカ人より集団主義的だ」という通説を支持する研究のひとつとしてカウントしてあります。それでもなお、全体としては、「通説は支持されていない」という結果になっていたわけです。

研究結果を否定しようとする試み

「日本人は集団主義的だ」という通説について、私たちは、日本人とアメリカ人を比較した調査研究と実験研究を調べた結果、「この通説は実証的な研究には支持されていない」という結論に達し、１９９７年に、そのことを日本語の論文のなかで報告しました。[220] ２年後、同じ内容の論文を英語で発表したのですが、[221] 時を同じくして、アメリカの研究者も、私たちと同じ結論に至ったという論文を発表しました。[157] さらにその3年後、アメリカの別の研究者たちが、日米以外の国々についても、調査研究だけですが、実証的な国際比較研究を調べて、その結果をまとめた論文を発表しました。[188] その論文でも、日本人とアメリカ人との比較については、結果は私たちと同じでした。

比較文化研究をしていた心理学者のほとんどは、通説を固く信じていたので、この結果に驚き、「実証的な研究のほうに何か間違いがあるのではないか」と考えました。

たとえば、「研究の対象が大学生だったので、日米間に差が出なかったのだろう」というような解釈をしたのです。「日本人も、大学生のうちは個人主義的だが、社会に出ると集団主義的になる」というわけです。もしそうなら、一概に「日本人は集団主義的だ」とは言えないことになりますが、それでも、「〝日本文化は集団主義的だ〟という主張は守れる」と考えたのでしょう。

私たちは、その後に発表された研究も含めて、日本人とアメリカ人を比較した調査研究と実験研究を調べなおし、その結果を論文にまとめて、２０１８年に報告しました。[93] それをグラフにしたのが、先ほどの図６・図７です。

この論文のなかで、私たちは、主に新しい研究成果にもとづいて、「実証的研究のほうが間違っている」という解釈が正しいのかどうか、調べてみました。すると、どの解釈も、データとは矛盾していることが分かりました。

たとえば、「研究の対象が大学生だったので、日米間に差が出なかったのだ」という解釈の場合。被検者の全部、あるいは、かなりの部分が（大学生以外の）成人だったという調査研究が3件、価値観調査が2件ありました。それらの研究の結果はどうなっていたでしょうか？

たとえば、ＮＨＫ放送世論調査所がおこなった調査[75]の場合、18歳以上の成人を全国から無作為抽出した（日本は2544人、アメリカは1680人）という大規模な調査でしたが、通説に反して、「アメリカ人のほうが集団主義的」という結果になっていました。

5件の研究全部を見ると、「アメリカ人のほうが集団主義的」という研究が3件、「日米間に差はない」という研究が2件でした。どちらも、通説とは一致しません。明らかに、「大学生を調べたから、通説とは違う結果が出たのだ」という解釈は当たっていないのです。

ほかの点でも、「実証的研究のほうが間違っている」という解釈は正しくありませんでした[93]。やはり、「通説のほうが間違っている」と考えるほかないのです。（通説の支持者たちと闘わせた論争の一部は、前著『「集団主義」という錯覚』に詳しく記しました。）

このように、事例に頼るのではなく、科学的な方法できちんと比較をしてみると、日本人は、「世界でいちばん個人主義的だ」と言われてきたアメリカ人と比べても、決して「集団主義的だ」とは言えないことが明らかになったのです。

第4章

日本経済は集団主義的か？

前章では、科学的な国際比較研究を調べた結果、「日本人は特に集団主義的というわけではない」ということが分かりました。しかし、これまで、日本人はいろいろな点で「集団主義的だ」と言われてきたのです。それはどう考えればいいのでしょうか？

この章と次の章では、「集団主義の証拠」だと言われてきたさまざまな事柄を取り上げます。研究の成果、あるいは、明白な事実に照らして、それらがほんとうに「集団主義の証拠」だと言えるのかどうか、よく調べてみることにします。この章で取り上げるのは日本経済です。次の章では、日本の近代化、日本語の特徴、学校での「いじめ」といった問題を取り上げます。

「集団主義的な経済」

日本の経済制度や経済運営は、欧米諸国とはちがって「集団主義的だ」と言われてきました。日本経済の「集団主義」は、バブル崩壊の前は、「経済成長の原動力」として誉めそやされていましたが、バブル崩壊の後は、「克服すべき欠点」として否定的に語られるようになりました。このように評価は逆転したものの、「日本経済は集団主義的だ」という信念そのものは、今でも経済界に強く根を張っているようです。

1958年にアメリカの経営学者ジェイムズ・アベグレンが『日本の経営』(一)という本を出版し、日米両国でベストセラーになりました。それ以来、「日本の企業は集団主義的な組織だ」という見方が定着し、日本でも、アメリカでも、経済界の常識になりました。「日本の企業では、労使が一体になって、企業活動に邁進《まいしん》する」というのです。いわゆる「日本的経営」論です。

「一枚岩の集団」だと言われたのは、個々の企業だけではありません。たくさんの企業が集まって「系列」という集団をつくり、一丸となって「外国に貿易戦争をしかける」と非難されました。

「日本株式会社」という言葉をはやらせたのもアベグレンだと言われています。「日本政府の指導のもと、日本全体がひとつの会社であるかのように、一体になって経済戦争を遂行する」――これが「日本株式会社」のイメージです。

日本は、戦後の焼け野原から「奇蹟の復興」を遂げ、高度経済成長の結果、一時は、アメリカに次いで「世界第2位の経済大国」にまでのぼりつめました。その原動力になったのは、「日本的経営」「系列」「日本株式会社」といった集団主義的な経済体制だった、と論じられたのです。

「一人一人がバラバラではできないことでも、みなで力を合わせれば成し遂げられるものだ」ということは、誰もが知っていることですから、この「集団主義」論は、日本の高度経済成長の説明としては、誰にとっても説得力がありました。

「日本異質論」

1980年代から90年代にかけて、日米貿易摩擦の時代には、こうした「日本の集団主義的な経済」は、「日本異質論」のベースになりました。

当時、製造業が衰えて、凋落の一途をたどっているように見えたアメリカとは対照的に、日本の製造業は日の出の勢いで拡大をつづけていました。この成功の原因は、またもや「日本の集団主義的な経済」だと言われました。多くのエコノミストがそう論じ、日本の経営者はアメリカに行って、「集団主義的な経済」の優位を説きました。

個人主義を標榜してきたアメリカ人は、これに強く反発しました。「日本の集団主義的な経済」は、自由主義経済のルールに反した異質な経済であり、「アンフェアだ」と激しく非難したのです。これが「日米貿易摩擦」にエネルギーを吹き込み、「日本異質論」「日本特殊論」は、毎日のようにマスメディアに登場することになりました。

しかし、考えてみると、これは奇妙な非難でした。この時期、ヨーロッパでは、共産主義の行き詰まりが顕《あら》わになり、１９８９年にはベルリンの壁が崩壊し、91年にはソヴィエト連邦が崩壊しました。その原因は、「共産主義政権の集団主義的な経済運営が非効率で、西側の個人主義的な自由主義経済に太刀打ちできなかったことだ」と言われていたのです。アメリカは、「自由主義の勝利」を喧伝《けんでん》していました。ところが、日本にかぎっては、「集団主義的な経済のほうが、アメリカの自由主義的な経済よりも強力だ」と言われたのですから、奇妙な話です。

一方、日本でバブルが崩壊し、アメリカでＩＴ産業が急激に勃興して、経済の勢いが逆転すると、こんどは、「日本の失敗の原因は、時代遅れの集団主義的な経済だ」と言われるようになりました。「日本の集団主義的な経済」は、一転して批判の的になり、「アメリカ式の経営を導入すべきだ」という議論が幅をきかせるようになりました。

こうしてみると、「日本で起こった出来事は〝日本人の集団主義〟で説明する」という習慣は、すこしも変わっていないことが分かります。「日本人の集団主義」は、日本経済の成功も、失敗も、どちらも説明できる万能理論というわけです。

しかし、ほんとうのところは、どうだったのでしょうか？　日本経済は、ほんとうに集団主義的だったのでしょうか？
経済データから、現実を見てみましょう。

「日本的経営」論

「日本的経営」論では、「日本の会社は集団主義的だ」と言われてきました。その特徴として挙げられてきたのが、いわゆる「三種の神器」です。「年功賃金」「終身雇用」「企業別組合」の3つです。

「日本的経営」論は、次のように論じてきました。

まず、日本の「年功賃金」について。「会社に勤めている期間が長くなるほど、賃金が高くなっていく」というのが「年功賃金」です。転職して別の会社に移ると、賃金が下がってしまうので、転職は不利になります。当然、誰もが同じ会社にずっと勤めつづけようとします。そして、「集団主義的な」日本の会社は、社員をずっと雇いつづけようとします。これが「終身雇用」です。

同じ会社にずっと勤めつづけることになると、社員は会社と一蓮托生《いちれんたくしょう》になります。自然、会社への忠誠心が高まり、会社のためならどんな犠牲も厭《いと》わず、身を粉にして働くようになります。「その結果、日本の会社は、飛躍的に業績を伸ばすことができたのだ」というのです。

「企業別組合」というのは、ひとつの企業の内部で組織された組合です。これが「職能別組合」と対比されました。「職能別組合」というのは、「配管工の組合」とか「旋盤工の組合」とかいうように、企業を横断して、職種ごとに組織された組合です。欧米の組合は、この職能別組合だと言われました。そのため、同じ職種の労働者同士の連帯意識は強くなりますが、企業への忠誠心は薄くなります。一方、日本では、「○○株式会社の組合」というように、組合は企業ごとに組織されています。「そのため、日本の従業員は、企業への忠誠心が強く、労働者と経営陣は一体化する。おかげで、ストライキに悩まされたりすることなく、企業活動に邁進できるのだ」と言われました。

これが「日本的経営」論です。

では、日本企業の実態は、ほんとうに、「日本的経営」論が描きだしたようなものだったのでしょうか？

「年功賃金」

日本の「年功賃金」とは違って、欧米では、「賃金は、能力や成果に応じて決まる」と言われていました。これを「能力型賃金」と呼ぶことにしましょう。

図8をご覧ください。

能力型賃金は、従業員の年齢が上がるにつれて、点線のようなカーブを描くはずです。入社したてのころは、どれだけ能力を持っているかもはっきりしませんし、成果もまだ出ていないので、賃金は低いでしょう。何年か働いているあいだに、仕事に必要な能力が身についてくるので、賃金は上がっていくでしょう。しかし、ある年齢を

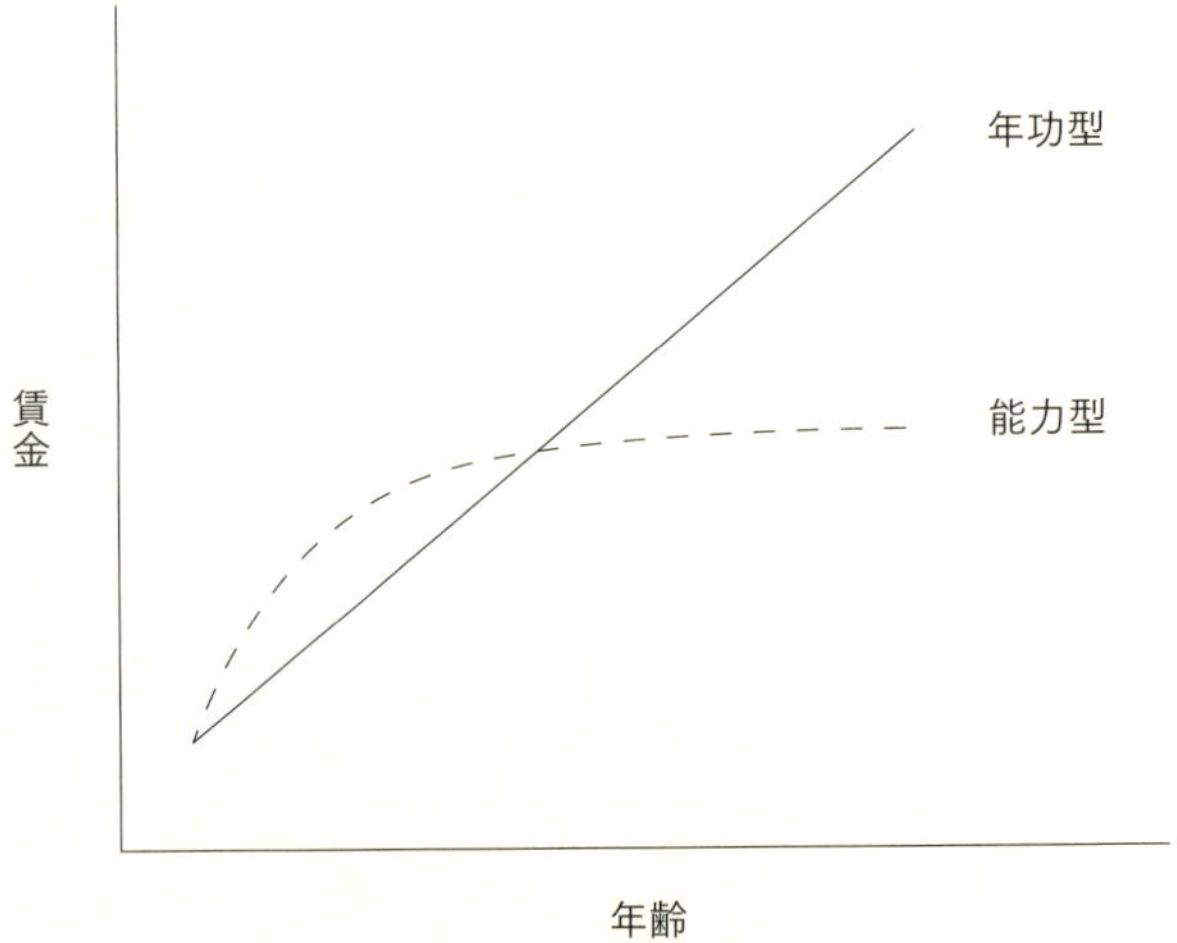

図8　年功型賃金と能力型賃金の模式図

過ぎると、能力が高い人は高い賃金をもらえますが、能力が低い人は低い賃金しかもらえないので、すべての従業員について平均すれば、年齢が上がっても、賃金は上がらなくなるはずです。

一方、年功型賃金は、図8の実線のような直線を描くはずです。「年齢が上がるにつれて、自動的に賃金も上がっていく」というのですから。

はたして、日本とアメリカのあいだには、この実線と点線のような違いがあるのでしょうか？

日本の賃金とアメリカの賃金

それをデータにもとづいて検証したのは、労働経済学者の小池和男です。小池は、経済統計を調べた結果、日本とアメリカのあいだに、実質的な違いはないことを発見しました。[134]

図9をご覧ください。

この図の縦軸には、25‐34歳のときの賃金を100として、賃金が指数として目盛ってあります。指数ですから、横軸の年齢区分（「25‐34歳」など）のあいだで、賃金が相対的に高いか低いかを表しているだけです。金額そのものを表しているわけではありません。

ですから、この図では、日本を表す実線がアメリカを表す点線よりも上にありますが、「日本のほうがアメリカより賃金が高い」というわけではありません。

この図を見ると、日本とアメリカのあいだには、実質的な違いはないことが分かります。おしなべて、若いうちは、賃金がどんどん上がっていきますが、50歳を過ぎたあたりで頭打ちになり、それからは、年齢が上がると、賃金は、少しずつですが、下がっていきます。

さきほどの模式図（図8）と比べてみましょう。

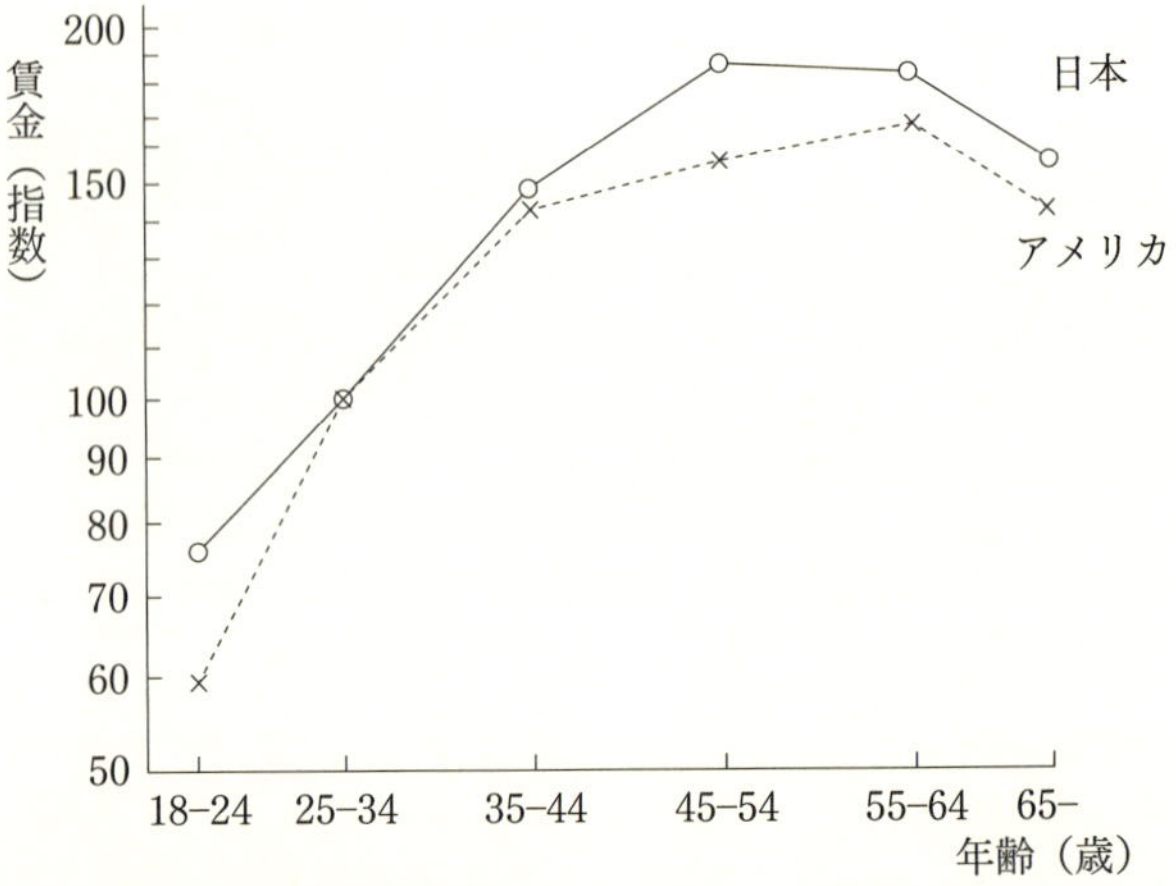

図9　年齢別賃金の日米比較
（男性大卒者：25–34歳を100としたときの指数。アメリカは1996–2000年、日本は2000年のデータ。小池和男『仕事の経済学（第3版）』東洋経済新報社2005年より。）

日本の賃金カーブは、図8の実線のような右肩上がりの直線ではありません。50歳を過ぎると、いくら年齢が上がっても、賃金は上がらなくなります。日本のじっさいの賃金は、「年功賃金」のイメージとは大違いなのです。

一方、アメリカの賃金カーブも、図8の能力型のパターンとは、ずいぶん違っています。60歳ごろまでは、年齢が上がるとともに、賃金もどんどん上がっています。日本の賃金カーブとそっくりです。

賃金の決めかた

小池はいろいろな資料を調べて、賃金の決めかたは、基本的には、日本もアメリカも、よく似ていると結論しています。[53]

どちらでも、社内資格（係長、課長、部長など）が上がると、賃金も上がります。新卒でいきなり部長ということはないので、勤続年数が長くなって年齢が高くなると、社内資格が上がり、賃金も高くなります。

社内資格が同じでも、定期昇給で賃金は上がりますが、そのさいには、査定がおこなわれます。もちろん、社内資格が上がるかどうか（昇進するかどうか）を決めるさいにも査定はおこなわれます。この査定のところで、「能力」や「成果」が賃金に反映されることになります。査定の実態を詳しく調べた実証的な研究は、常識に反して、査定はアメリカより日本のほうが厳しい（すなわち、はっきりと差をつける）ことを示しています。

こうして、賃金の決めかたには大差がないので、年齢が高くなるほど賃金が高くなるというパターン（図9）は、日本でも、アメリカでも、似たり寄ったりになるわけです。

「終身雇用」

「日本的経営」論では、「欧米人は、しょっちゅう転職をするのに、日本人は、新卒で入った会社に定年まで勤めつづける」と言われました。「終身雇用」です。この「終身雇用」という言葉も、アメリカの経営学者アベグレンの『日本の経営』から生まれた言葉です。

図10をご覧ください。この図は、「終身型」と「転職型」のイメージを模式的に表したものです。

「終身型」の実線は、終身雇用のパターンを表しています。同じ会社にずっと勤めつづけるのですから、年齢に比例して、勤続年数は長くなっていきます。

「転職型」の点線は、転職を繰り返す欧米人のイメージを表しています。就職してしばらくは勤続年数が延びていきますが、やがて転職を繰り返すようになるので、年齢が高くなっても、ひとつの企業での勤続年数は延びず、頭打ちになります。

　では、日本人と欧米人のあいだには、ほんとうにこういう違いがあるのでしょうか？

　こんどは図11をご覧ください。こちらは、じっさいの統計データです[134]。

「年齢が上がっていくにつれて、勤続年数が長くなっていく」という点では、日本も、アメリカも、変わりがありません。図10の「終身型」と比べると、年齢と勤続年数は比例関係にはなっておらず、日本でも、アメリカでも、50歳から60歳ごろを境に、

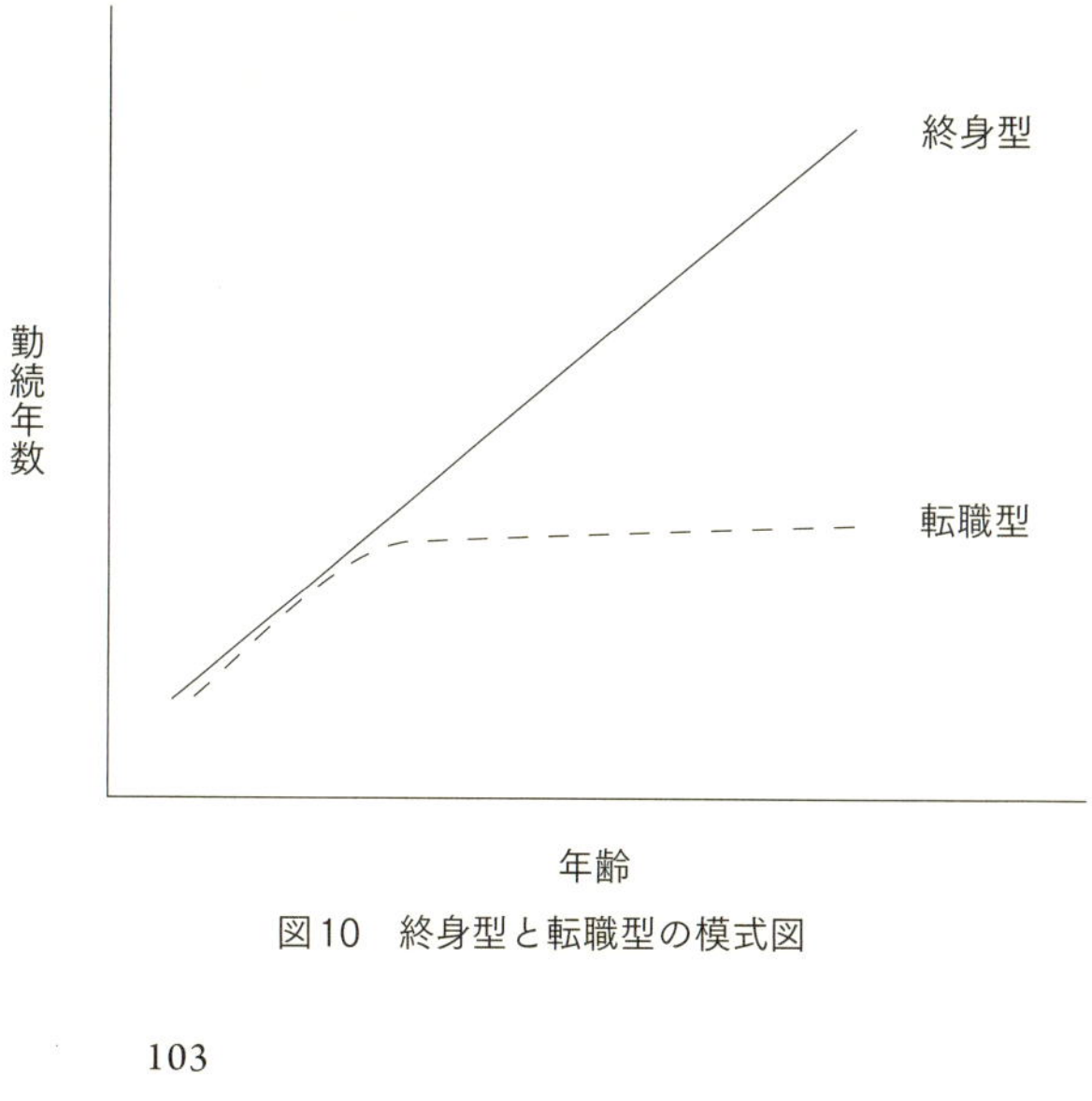

図10　終身型と転職型の模式図

勤続年数は短くなっていく傾向があります。これは、定年で退職したり転職したりする人が出てくるためです。

アメリカの場合も、図10の「転職型」のパターンとはかけ離れていて、むしろ「終身型」に近いパターンになっています。

違いはどこに？

ただ、60歳に近づくまでは、アメリカのほうが勤続年数は短くなっています。やはり、アメリカ人のほうが転職は多いのかもしれません。

しかし、日本が特殊というわけではありません。「特殊」というのならば、むしろ、アメリカのほうが特殊なのかもしれません。図

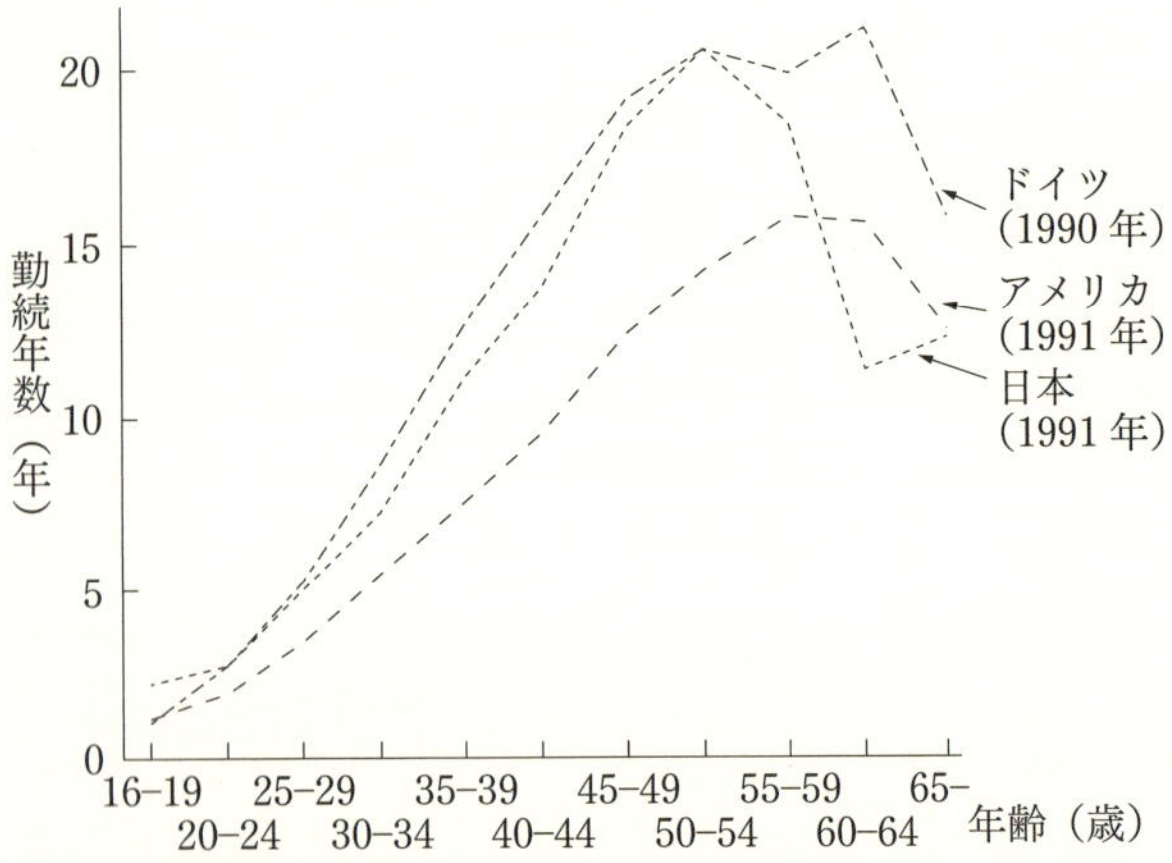

図11　勤続年数の比較（小池和男『仕事の経済学（第３版）』東洋経済新報社2005年より）

11には、ドイツのパターンも示してあります。こちらは、勤続年数は、60歳ごろまで日本人と変わりません。

つまり、違いは、「集団主義的な日本人」と「個人主義的な欧米人」とのあいだにあるわけではないのです。とすれば、この違いの理由は、集団主義・個人主義とは別のところに求めなければならないことになります。

たとえば、アメリカは、ほかの「先進国」に比べて、転職の機会に恵まれていたのかもしれません。第二次世界大戦が終わったとき、先進工業国のなかで唯一、戦場になるのを免れたアメリカは、世界のＧＤＰ（国内総生産）の半分近くを一国で占めていました。その後も、経済が失速した時期があったとはいえ、現在に至るまで、世界で最も豊かな国でありつづけてきました。ほかの国々よりも転職の機会に恵まれていたとしても不思議ではありません。勤続年数には、ほかにも、いろいろな要因が影響していることでしょう。

なお、図11の原図を作成した小池和男は、統計資料の選択に細心の注意を払っています。統計資料によっては、適正な比較ができないこともあるからです。たとえば、日本の平均値とアメリカの中央値を比べた統計資料もあります。[79, 55] 平均値と中央値には大きな違いがあることも多いので（たとえば、日本人男性の年収は、２０１２年の場合、平均値が４８２万円、中央値が420万円で、62万円もの差があります）、日本の平均値とアメリカの中央値を比べたりするのは、間違いのもとになります。

いずれにしても、「終身雇用だから、日本は集団主義的で特殊だ」という議論は、経済統計に裏づけられたものではないのです。

「企業別組合」

「三種の神器」の3番目は、「企業別組合」です。「日本では、労働組合は企業ごとに組織されているので、企業にたいする従業員の忠誠心が強くなる」というのは、ほんとうなのでしょうか？

労働経済学者の小池和男によると、労働組合がどのように組織されているかについて、全国的な実態を日本と欧米のあいだで比較した統計は、存在しないということです。ということはつまり、「日本は企業別組合、欧米は職能別組合」という通説は、「統計データに裏づけられたものではない」ということになります。

典型的な職能別組合と言われてきたのは、イギリスの労働組合です。小池は、1960年代、そのイギリスで詳しい聞き取り調査をしました。[53] すると、古い企業には、たしかに職能別に複数の労働組合があったものの、「じっさいの組合活動にさいしては、それらの組合がひとつの企業のなかでまとまって、その代表者が経営側と交渉をしている」ということが分かりました。つまり、実質的には、企業別組合になっていたのです。また、新しい企業ができると、そこにできる組合は、たいがい、はじめから企業別組合になっているということも分かりました。

また、日本にも職能別組合がないわけではありません。小池は、全建総連（全国建設労働組合総連合）について、「70万というおそらくいまや世界最大のクラフトユニオン＝職業別組合である。日本を企業別組合とみる人はいったいどこをみているのであろうか」（197頁）と書いています。

そういえば、旧国鉄の「動労」（国鉄動力車労働組合）なども、職能別組合の一種と言えるかもしれません。国鉄内部の組合ではありましたが、貨物列車の運転士や機関士を中心とした組合で、国労（国鉄労働組合）とは別の組織でした。「経営側と一体になっている」どころか、しばしば激しいストライキを打ち、「鬼の動労」と呼ばれていました。

日米比較

では、アメリカの労働組合はどうかというと、じつは職能別組合ではなくて、「産業別組合」が主流だと言われてきました。有名な全米自動車労働組合（ＵＡＷ）のような組合です。

しかし、アメリカでは、そうした産業別組合が経営側と交渉をするためには、まず、企業のなかで投票をして、過半数の票を獲得し、その上で、経営側の承認を得る必要があります。[31] つまり、企業のなかで組合が成立しないと、その企業では、産業別組合の活動もできないわけです。

これは、全米自動車労働組合（ＵＡＷ）のようなブルーカラー主体の組合についての話ですが、ホワイトカラー主体の組合は、はじめから日本と同じ企業別組合になっていることが多いといいます。[46] 一方、日本では、企業別組合が連合して、自動車総連（全日本自動車産業労働組合総連合会）のような産業別組合をつくっている場合もあるので、実態としては、あまり大きな違いはなさそうです。

「日本の産業別組合は、企業別組合の連合だから、企業ベッタリ」なのかというと、かならずしもそうではありません。労働争議の激しさは、労働組合の形態だけで決まるわけではなく、どこの国でも、経済情勢や政治情勢に大きく左右されます。日本でも、1950年代、全自（全日本自動車産業労働組合）の時代には、トヨタや日産で激烈なストライキをおこなって、社内にしこりを残しました。

企業への忠誠心

労働組合の実態はそれとして、肝心なのは、「日本の会社では、従業員が企業に高い忠誠心をもっている」のかどうかです。というのも、企業別組合が注目されたのは、従業員が企業に高い忠誠心を抱くようになる原因だと言われたからです。

小池[53]はアメリカの研究者によって注意深くおこなわれた日米比較調査[58]を紹介しています。その調査では、「日本的経営」論とは逆の結果が出ています。たとえば、「この会社をよくするために、言われたよりもよりよく働くつもりだ」という項目の場合、「はい」と答えた従業員の割合は、図12のように、日本よりアメリカのほうが高かったのです。ほかのどの項目でも、同じような傾向が見られました。

小池[134]が紹介している電機連合（全日本電機・電子・情報関連産業労働組合連合会）による2度に渡る国際比較調査でも、同様の結果が出ています[69]。ほかのいろいろな調査でも、会社への忠誠心は、つねに「アメリカのほうが高い」という結果が出ています（前著『「集団主義」という錯覚』をご覧ください）。小池[53]は、その原因について、日本では、企業のなかで個人間競争が激しいからではないか」と推測しています。

いずれにしても、「日本の労働組合は企業別組合なので、従業員が企業に高い忠誠心を抱くようになる」

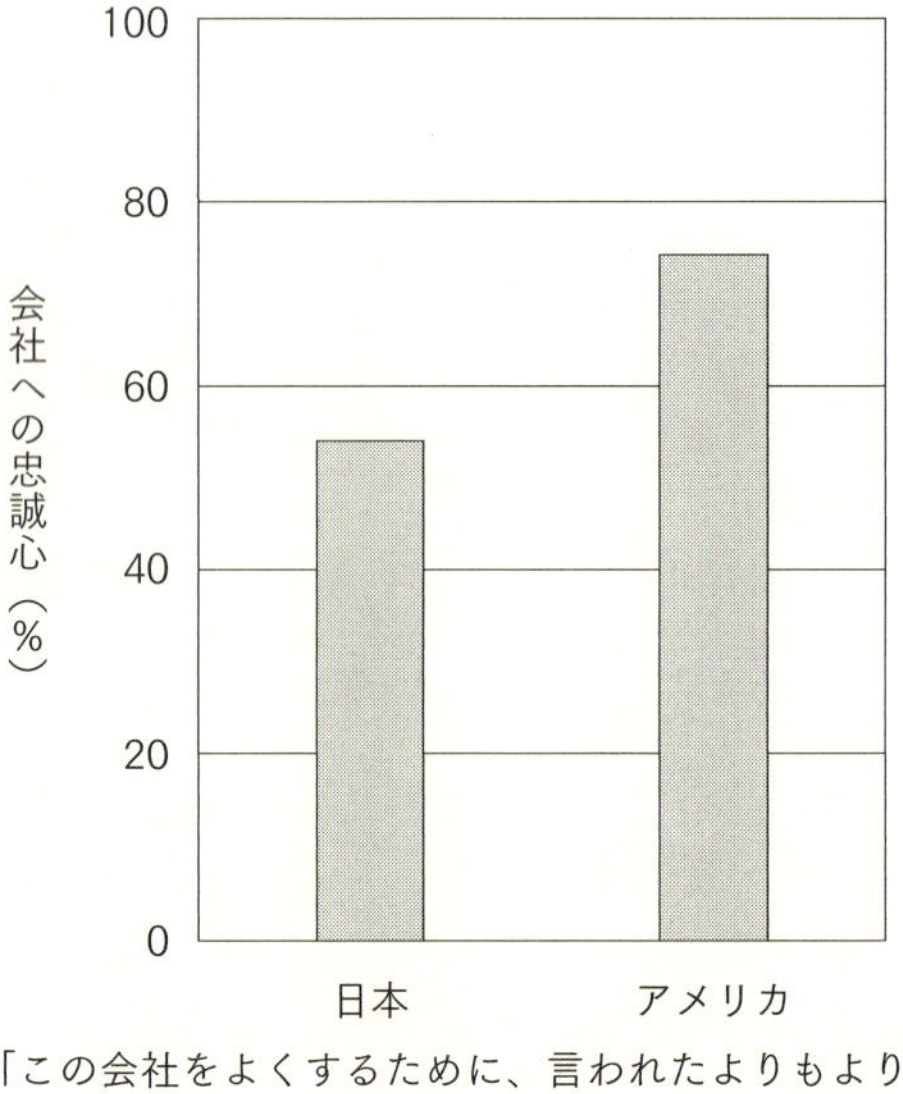

図12　「この会社をよくするために、言われたよりもよりよく働くつもりだ」という項目に「はい」と答えた従業員の割合

という「日本的経営」論の主張は、実証データによって、はっきりと否定されているわけです。

こう見てくると、いわゆる「三種の神器」は、どれも、日本企業の現実とはほど遠いことが分かります。

「系列」論

通説では、企業という集団のなかで労働者と経営者が一枚岩になっているだけではなく、その企業もたくさん集まって「系列」という集団をつくり、その集団が「結束して経済戦争を遂行する」と言われてきました。これが「系列」論です。

「系列」の代表格は、「三井系列」「三菱系列」「住友系列」といった旧財閥系の企業グループです。「系列」論が描いた「系列」のイメージは、次のようなものでした。

「系列」の銀行（「三井系列」の場合なら三井銀行）は、「系列」に所属する企業の「メインバンク」になり、潤沢な資金を提供します。企業の経営が傾いたときには、「救済融資」で助け、「経営指導」をして立て直します。このメインバンクが「司令塔」になって「系列」企業群を率い、「系列」は一丸となって外国企業に競争を挑む――こういうイメージです。

「系列」に属している沢山の企業は、「互いの株式を保有することによって、一体化している」とも言われました。いわゆる「株式持ち合い」です。

また、「系列」の企業は、互いのあいだでしか取引をしないので、「アメリカの企業は、〝系列〟に属している日本企業には、製品を売りこむことができない」と非難されました。いわゆる「系列取引」です。

こうした「系列」のイメージは、日米貿易摩擦のあいだに、一般のアメリカ人にも広がりました。たとえば、ハリウッド映画『ライジング・サン』は、アメリカに進出した日本企業を舞台にした映画ですが、ショーン・コネリー（映画007シリーズで名を馳せたイギリスの俳優）演ずるアメリカの刑事が登場して、同僚の刑事に、「日本の企業は、決して単独では行動せず、何百もの有力な企業が〝系列〟という集団をつくり、共同戦線を張って経済戦争をしかけるのだ」と解説するシーンがありました。

日米貿易摩擦の時代には、「系列」は、「非関税障壁」の象徴として、アメリカからの激しい非難にさらされました。「系列」という言葉は、そのまま〝keiretsu〟としてアメリカでも通用していたほどです。日本国内でも、「系列取引はやめなければならない」とか、「株式持ち合いは解消しなければならない」とかいった掛け声がよく聞かれました。

ところが、この集団主義的な「系列」のイメージには、まったく実態がなかったのです。

「系列」の実態は？

膨大な資料を渉猟して、「系列」の実態を明らかにしたのは、東京大学の三輪芳朗《よしろう》とハーバード大学のマーク・ラムザイヤーによる共同研究(164, 166)でした。

日本人論の通例に漏れず、「系列」論も、もとになっていたのは、誰かの体験談や個々のエピソードでした。それを「日本経済」全体に一般化していたのです。

三輪とラムザイヤーは、「メインバンク」から「社長会」に至るまで、「系列」論の言説をひとつひとつ取り上げ、日本経済の全体像を反映する実証データに照らして、その真偽のほどを検証しました。その結果、どの言説も、事実無根だということが判明したのです。

たとえば、「系列」の「司令塔」と言われた「メインバンク」。「系列」企業に潤沢な資金を注ぎこんだというのが「系列融資」のイメージですが、「系列」に属している企業が「メインバンク」から借り入れた資金は、借入金全体のなかで、どれぐらいの割合を占めていたのでしょうか？　80％でしょうか？　１００％でしょうか？

じっさいには、旧財閥「系列」の場合でも、その比率は、平均20％にも満たなかったのです。「系列」が強固だと考えられていた1960年代の数字です。企業によっては、融資額がいちばん多い、本来の意味での「メインバンク」は、同じ「系列」の銀行でさえなくて、日本開発銀行や日本興業銀行といった「系列」外の銀行でした。前著『「集団主義」という錯覚』には、各「系列」ごとに、どこからどれぐらいの資金を借り入れていたのか、その割合をグラフにして表しました。

「株式持ち合い」

今回は、「株式持ち合い」のデータ[64]をグラフにしてみることにしましょう。図13をご覧ください。

この図は、「系列」に属している企業の株式を、同じ「系列」の他の企業がどれぐらい保有していたのか、その割合を示しています。つまり、「株式持ち合い」の割合です。「同じ系列の他の企業」のなかには、「系列」内の「メインバンク」も含まれています。

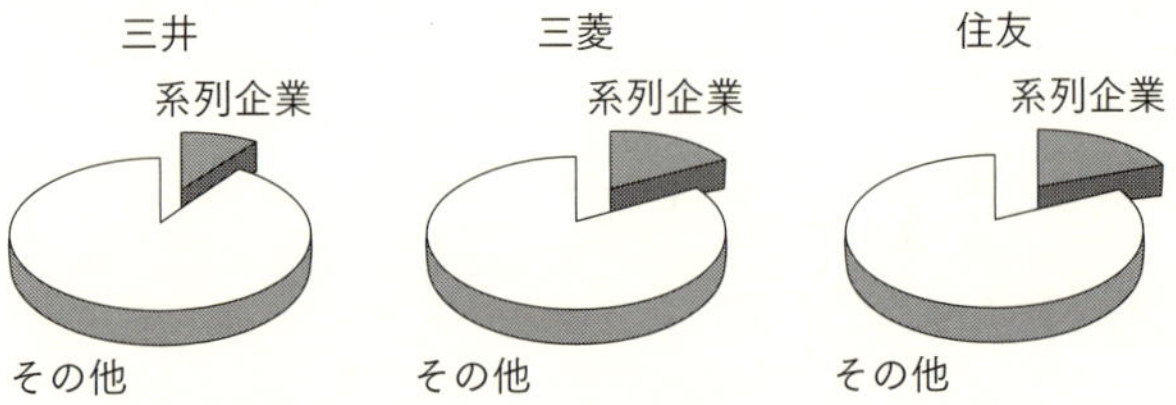

図13　「株式持ち合い」の実態（三輪芳朗／マーク・ラムザイヤー『日本経済論の誤解』による）

やはり、「系列」が強固だったと言われる１９６０年代の数字です。

「株式持ち合い」の割合は、もっとも高い住友「系列」の場合でも、20%に届きません。三井「系列」にいたっては、10%そこそこです。世に言う「株式持ち合い」とは、この程度のものだったのです（詳細については、『日本経済論の誤解』[164]第3章をご覧ください）。

これでは、「系列」企業が「一体になる」ことなど、とても望めません。どの企業も、自社の利益になる経営方針を自社で決めることになるでしょう。

この図の「系列企業」には、「系列」の「メインバンク」も含まれていますから、「メインバンク」が保有している株式の割合は、もっと低いわけです。企業の経営権を完全に握るためには、51%以上の株式が必要ですから、この程度の株式しか持っていないのでは、「メインバンク」が「司令塔」になって「系列」企業に号令をかけることなど、到底できるはずがありません。

「系列融資」の割合が低いことは、さきほど見たとおりですが、そのことも考え合わせると、「メインバンクが系列の司令塔になっている」という話は、空想の産物というほかなさそうです。

「系列内取引」

では、「系列の企業は、同じ系列に属している企業としか取引をしない」という話はどうでしょう？

三輪とラムザイヤーは、「〝系列企業の取引の大部分が系列内でおこなわれている〟などというデータが示されたことはない」と指摘しています。たしかに、「系列外の企業から取引を持ちかけられても、すべて断る」というような経営方針をとっていたのでは、企業業績を拡大することは、とうてい不可能でしょう。

実のところ、取引関係の系列がはっきりしている業種は、あまり多くないのです。そうした例外的な業種の代表格は自動車業界です。たとえば、トヨタ自動車は、部品を納入する下請け企業が参加する協力会として、「協豊会」という組織をつくっています。アメリカの部品メーカーは、「こうした組織に阻まれて、日本の自動車会社に部品を売り込むことができないのだ」と非難しました。

しかし、そうした協力会という組織も、じっさいには、排他的な集団ではありませんでした。たとえば、日産自動車の協力会には162社の下請け企業が参加していましたが、そのうちの45社もが、最大のライバルだったトヨタ自動車の協力会にも参加していたのです。曙ブレーキ、小松製作所といった有力な部品メーカーは、トヨタと日産だけではなく、マツダ、三菱、ホンダなど、主要な自動車メーカーの協力会のどれにも参加していました。

当時から、「アメリカの部品メーカーは、地道に品質向上や売り込みの努力をするかわりに、口先だけで売り上げを伸ばそうとして、〝系列〟を非難しているのだ」という指摘がありましたが、まさにその通りだったのでしょう。

「系列」は幻影

「メインバンクが〝系列〟の司令塔になっている」という話も、「〝株式持ち合い〟によって、〝系列〟企業が一体化している」という話も、「〝系列〟企業は、〝系列内取引〟しかしない」という話も、経済データをきちんと調べてみると、結局、みなほんとうの話ではなかったわけです。三輪とラムザイヤー[164]は、「社長会が〝系列〟の行動方針を決定している」といったほかの話についても、いろいろと調べた結果、やはり、「事実ではなかった」と結論しています。

そもそも、これらの話は、経済データから出てきたわけではありませんでした。日本人論の常で、体験談や伝聞といった事例がもとになっていたのです。

「系列」という言葉を耳にすると、「日本人は集団主義的だ」という先入観の影響で、無意識のうちに、「統制のとれた集団」として「系列」を想像してしまいます。そこへ、「どこかの〝系列〟の銀行が救済融資をした」などという話を耳にすると、また先入観がはたらいて、「〝系列〟のメインバンクは、救済融資をするのが普通なのだろう」「救済融資によって、メインバンクは、〝系列〟の企業を支配しているのだろう」「メインバンクは、〝系列〟の司令塔なのだろう」と、どんどん想像が膨らんでいきます。

誰もが「日本人は集団主義的だ」という先入観に囚われているので、こういう話は、誰にとっても説得力があります。「経済データをきちんと調べてみよう」などと、酔狂なことをやりだす人は、滅多にいません。その結果、「系列」という「集団主義的な」企業グループについて、幻影が「実像」として一人歩きするようになってしまったわけです。

「日本株式会社」論

日本の企業は、「系列」という集団をなしているだけではなく、「すべての企業が一丸になって、ひとつの株式会社のように行動し、経済侵略を押し進めている」と言われました。

「日本株式会社」論です。

その「司令塔」は、もちろん、日本政府です。特に通産省（通商産業省：現在の経済産業省）が悪者に仕立て上げられました。通産省は、高い関税や「非関税障壁」で外国からの輸入を阻止する一方で、「産業政策」によって日本の企業を育成し、貿易戦争を有利に導いた、と言われたのです。「集団主義的な日本人」というイメージにぴったりの議論です。

日本の経済成長の原動力は、ほんとうに日本政府の保護と育成だったのでしょうか？日本の企業は、ほんとうに政府の指導に従順に従っていたのでしょうか？

「高関税」

日本政府は、「外国からの輸入品に高い関税をかけて、輸入品の流入を阻止し、国内の産業を保護した。そのおかげで、日本の産業は成長できたのだ」と言われました。日本とアメリカの貿易摩擦が始まったばかりのころは、まず、この「高関税」が非難の的になりました。

戦後、アメリカ軍による占領が終わってから、日本政府が関税を引き上げたことは事実です。その目的が国内産業の保護にあったことも事実です。

しかし、「後発国が先進国からの輸入品に高い関税をかけて、国内産業の育成をはかる」という政策は、多くの国がとってきた政策です。アメリカもその例外ではありませんでした。まだ後発国だったころは、ヨーロッパの先進工業国、特にイギリスからの工業製品に高い関税をかけて、北部の産業を保護し、育成しようとしました。

そのイギリスも、産業革命によって競争力が高まる前は、インドからの綿製品に高い関税をかけて、国内の繊維産業を保護していました。「自由貿易」を唱えるようになったのは、産業革命に成功した後のことです。

日本とアメリカについて、関税率の変遷を比較してみましょう。すべての輸入品について、その価格の何％にあたる関税がかけられていたかを調べ、それを年ごとに平均すると、図14のようになります。日本は開国から、アメリカは独立からのデータです。

アメリカの高関税政策

一見して分かるのは、アメリカの関税率が非常に高かったということです。全体としてみると、日本よりずっと高かったのです。

第一次世界大戦で戦場にならなかったアメリカは、１９２０年代には経済力がヨーロッパ諸国を凌ぐようになりました。「狂騒の20年代」と呼ばれたこの繁栄の時代には、アメリカは関税を引き下げていて、このとき、平均関税率は日本より少し低くなっています。

ところが、１９２９年に始まる大恐慌によって繁栄がしぼむと、アメリカは、ふたたび国内産業を守るために関税を引き上げました。40％もの高関税をかけたスムート・ホーリー法は、大恐慌を世界中に「輸出」する結果になり、「ブロック経済」を招来し、果ては第二次世界大戦の遠因となった悪法として、世界の歴史に名をとどめています。

この原稿を書いている２０１９年5月の時点では、アメリカのトランプ大統領が、中国からの輸入品にかけていた制裁関税10％を「25％に

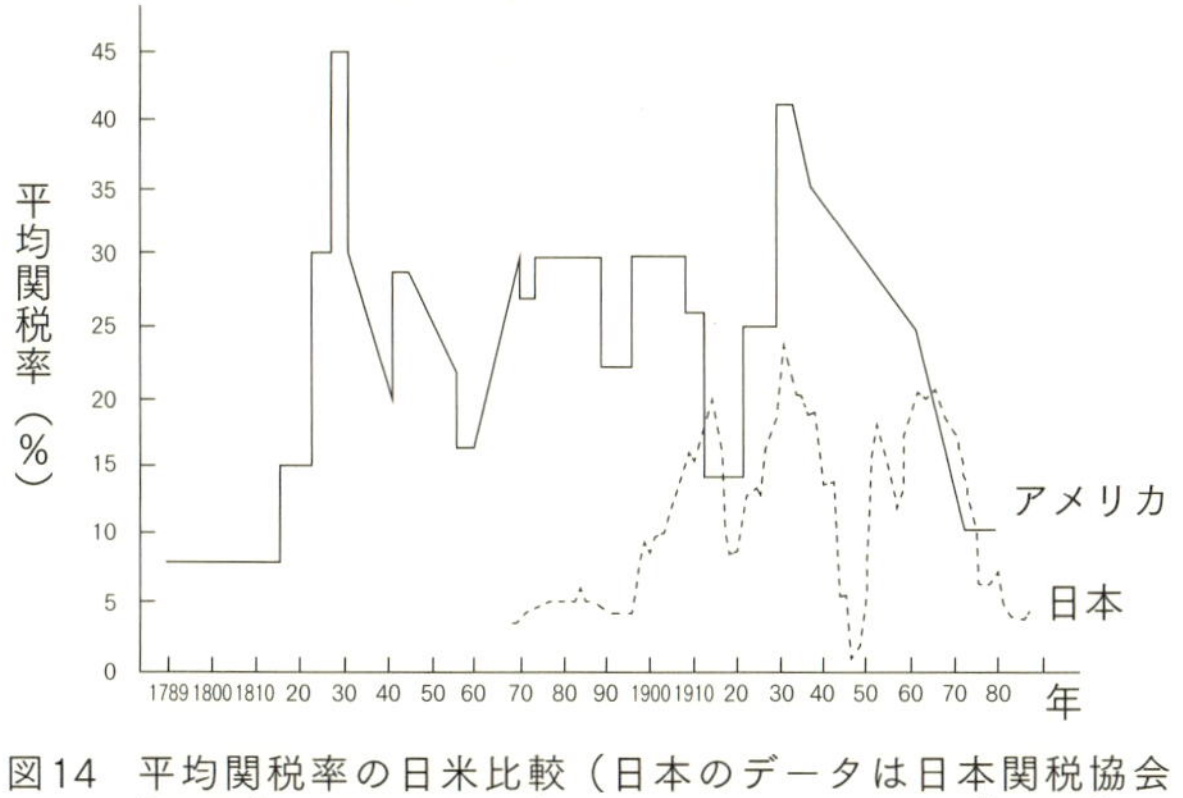

図14　平均関税率の日米比較（日本のデータは日本関税協会［1987］、アメリカのデータはSchiavo-Campo［1978］による）

引き上げるぞ」と言って、中国を脅していいます。それを考えると、40%という関税率がいかに高いものだったか、よく分かります。

第二次世界大戦の後、戦災を蒙《こうむ》らなかったアメリカは、頭抜けた経済大国になりました。にもかかわらず、しばらくは、かなりの高関税を維持していたのです。1960年代になると、アメリカは、「ケネディ・ラウンド」などの関税引き下げ交渉を主導し、関税を大きく引き下げました。その結果、一時、日本より関税率が低くなりました。

このときの印象が強くて、「日本は高関税」というイメージが根づいたのでしょう。しかし、この時期、日本も関税を引き下げ、最終的には、関税率はアメリカよりも低くなったのです。

「ケネディ・ラウンド」などを主導したことから、「アメリカは、関税の引き下げに尽力した自由貿易の旗手だ」というイメージができあがりました。しかし、こうして経済統計を調べてみると、アメリカは、基本的には高関税政策をとってきた国だということが分かります。高い関税は、「日本人の集団主義」とは関係がないのです。

「非関税障壁」

「日本の関税は低い」という事実が知れわたってくると、日本批判の中心は「非関税障壁」に移りました。「非関税障壁」というのは、関税以外で、外国製品の輸入を難しくする制度や商慣行のことです。さきほど検討した「系列内取引」も、「非関税障壁」のひとつとして非難の的になりました。

1980年代、「日米貿易摩擦」が燃えさかっていたころには、「日本はアメリカに製品を売りこむばかりで、アメリカの製品を買おうとしない」と非難され、このイメージが、一般のアメリカ人のあいだにも広がっていました。アメリカ製品を締め出している元凶《げんきょう》として、さまざまな「非関税障壁」がやり玉にあげられました。

たとえば、「速度警告音」です。日本の自動車は、速度が105キロを超えると、警告音（チャイムやブザー）が鳴るようになっていました。これは、速度違反を知らせて交通事故を減らそうという制度で、速度警告音は法律で義務づけられていました。しかし、アメリカの自動車メーカーも、アメリカ政府も、これがアメリカ車の輸入を妨げている「非関税障壁」だと主張して、この制度の撤廃を強硬に要求しました。その要求に屈して、日本政府は1986年にこの法律を廃止しました。ちなみに、廃止後も、アメリカ車の輸入は増えませんでした。

アメリカ国内で燃え上がった轟々たる日本批判の流れに乗って、日本市場に製品を売りこもうと、多くのアメリカ企業が日本の「非関税障壁」を声高に非難しました。アメリカ政府も、「日米構造協議」の開催を日本政府に要求し、そのなかで、日本の法律や流通制度などをアメリカに有利なものにつくり変えるよう、強い圧力をかけました。日本語までが、「非関税障壁」として、やり玉にあげられたほどでした。

「アメリカからは何も買わない」？

しかし、指摘された「非関税障壁」がほんとうに輸入を妨げていたのかどうかは、実のところ、そうはっきりしていたわけではありませんでした。「非関税障壁」がどの程度輸入を妨げているのかを正確に調べることは、不可能に近いからです。「非関税障壁」論は、いわば「言った者勝ち」で、「非関税障壁」という非難の声が高まれば高まるほど、「日本の閉鎖的な国内市場は、非関税障壁によって守られている」というイメージが強まっていったのです。

では、「日本は製品を売りこむばかりで、アメリカの製品を買おうとしない」というのは、ほんとうだったのでしょうか？

それは、輸出入にかかわる経済統計を調べてみれば、すぐにはっきりすることです。

「日米貿易摩擦」真っただ中だった１９８８年の時点で比べてみると、日本人は一人あたり３００ドルのアメリカ製品を買っていました。アメリカ人は一人あたり３３７ドルの日本製品を買っていました。[97] アメリカ人の購入額のほうがやや多かったとはいえ、それほど違っていたわけではありません。「日本人は、アメリカ製品を買おうとしない」というのは、ひどい誇張だったわけです。

「日米貿易摩擦」は、アメリカの日本にたいする貿易赤字が大きくなったことに端を発していました。しかし、当時、アメリカは日本の2倍以上の人口を抱えていたのです。一人あたりの購入額があまり変わらなくても、国全体としては、アメリカの輸入額は2倍以上になります。貿易赤字が膨らむのは、当然の帰結なのです。アメリカの貿易赤字の主な原因は、「非関税障壁」ではなくて、人口の違いだったのです。

日本がアメリカ製品を締め出していたわけではないことは、ほかの先進諸国との比較からも分かります。図15は、同じ１９８８年の時点で、ヨーロッパの主要国が、一人あたり幾らのアメリカ製品を購入していたかを表しています。いちばん多くのアメリカ製品を購入していたのはイギリス人でしたが、そのイギリス人と比べても、日本人の購入額は、ほとんど変わりませんでした。日本人は、フランス人やドイツ人と比べれば、はるかに多くのアメリカ製品を購入していたのです。

この点からみても、「〝集団主義的な日本人〟が〝非関税障壁〟によってアメリカからの輸入を阻んでいる」という話は、現実離れしていたことがわかります。非関税障壁そのものは、アメリカを含め、どの国にもあります。しかし、アメリカの貿易赤字を説明するための「非関税障壁」論は、「日本人は集団主義的だ」という先入観に支えられた空論でしかなかったのです。

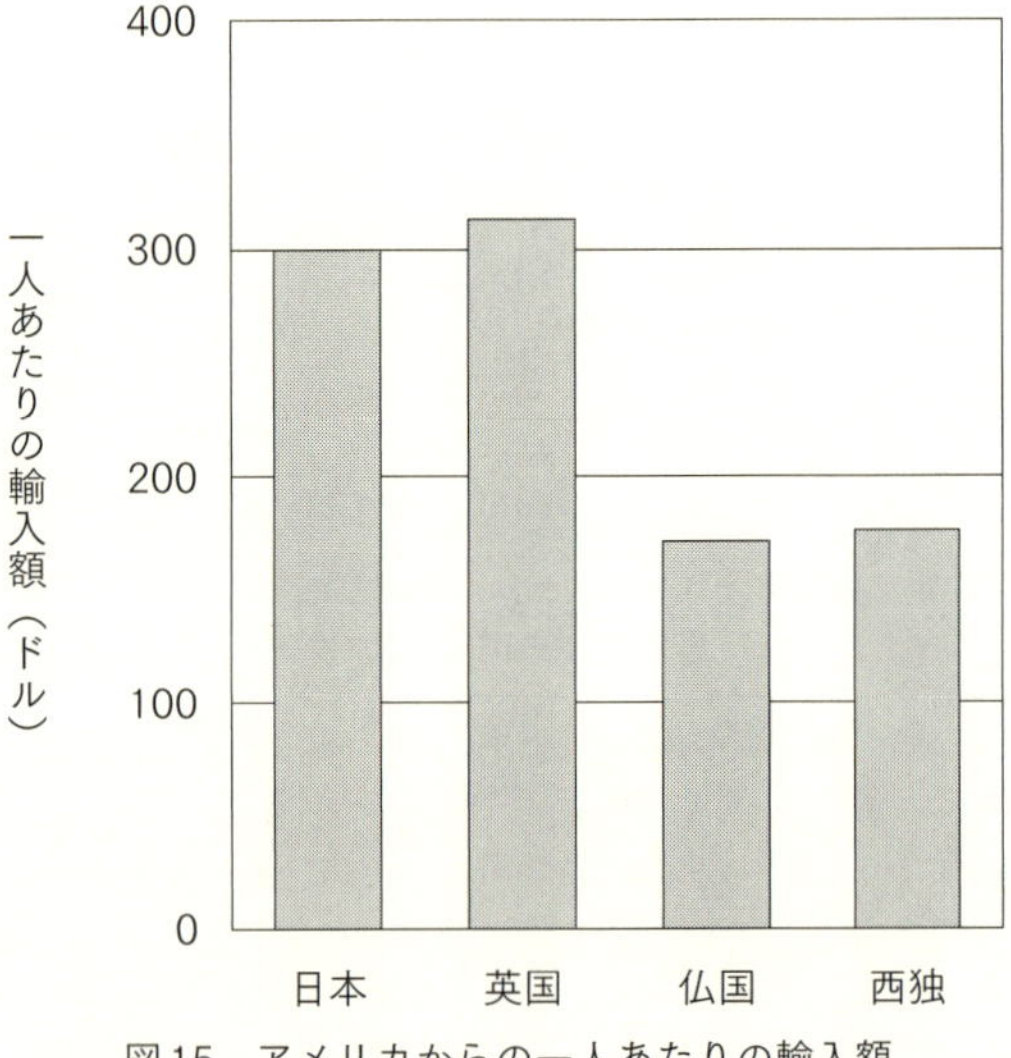

図15　アメリカからの一人あたりの輸入額

「産業政策」

国内の企業を保護する手段が「高関税」や「非関税障壁」だとすれば、企業を育成する手段は「産業政策」だと言われてきました。

「産業政策」というのは、育成したい産業に優先的に資金を配分する「政策融資」、企業を特定の方向に誘導しようとする「行政指導」といった行政手法の総称です。この「産業政策」のおかげで、「戦後の高度経済成長が可能になったのだ」と言われました。

それは事実なのでしょうか？　政府が統制する集団主義的な経済体制が、高度経済成長の原動力だったのでしょうか？

三輪とラムザイヤーは、「政策融資」や「行政指導」のほかにも、外貨の割り当て、優遇税制など、さまざまな手法について、膨大な経済データを調べ、それらの手法がどれぐらい有効だったのかを検討しました。その結果、通説に反して、「〝産業政策〟は、高度経済成長にはほとんど寄与しなかった」という結論に至りました[165]。

たとえば、「政策融資」。政府は、開銀（日本開発銀行）に資金を供給し、開銀は、政府が育成したい産業にその資金を融資しました。

しかし、三輪とラムザイヤーは、「政策融資が有効だったという証拠は示されたことがない」と指摘します。さらに、個々のケースを調べてみると、「融資額は少なすぎて、産業の成長に大きな役割を果たしたとは考えられない」というのです。

前著『「集団主義」という錯覚』では、自動車業界の再編を促すための融資を例にあげましたが、今回は、自動車部品と工作機械の例を紹介します。政府は、これらの産業を育成するために、1956年度から1970年度にかけて、開銀に融資を続けさせました。しかし、これらの産業がおこなった設備投資額のうち、開銀による融資の割合は、自動車部品の場合で2・7%、工作機械の場合では3・6%にすぎなかったのです。この程度の融資額では、産業の発展を力強く後押ししてきたとは、とうてい考えられません。

「行政指導」

従来、「日本は集団主義的なタテ社会なので、企業は政府の指導には素直に従う。だから、日本政府は〝行政指導〟によって企業を統率し、成長させることができたのだ」と言われてきました。

しかし、三輪とラムザイヤーは、さまざまな「行政指導」の事例を調べた結果、「〝行政指導〟は、言われているほど効果的ではなかった」と結論しました。「行政指導」を受けても、経営方針に合わなければ、企業は従わないことが多かったのです。「行政指導」を強制できる法律があった場合でも、日本政府は、そういう強権的な手法はとりませんでした。

前著『「集団主義」という錯覚』では、「政府が鉄鋼業界に生産調整をさせようとしたとき、住友金属工業（当時）が政府の〝行政指導〟をはねつけた」という例を紹介しました。今回は、三光汽船の例を紹介しましょう(165)。

1960年代のはじめ、多くの海運会社は、「過当競争」のため、倒産寸前の状態におちいっていました。そこで政府は、95社の海運会社を6グループに集約しようと図り、「海運再建整備二法」と呼ばれる法律を制定しました。この政策に協力すれば、海運会社は、建造する船の数を制限されるかわりに、開銀（日本開発銀行）から有利な条件で融資を受けることができました。

しかし、三光汽船はこの計画への参加を拒否しました。金融市場から自前で資金を集め、どんどん新しい船を建造したのです。

1964年には、三光汽船は、13隻しか船をもっていませんでした。業界トップの商船三井は、２４５隻の船をもっていました。ところが、１９７８年になると、三光汽船がもっている船は、業界でもっとも多い３０５隻になりました。23倍に増えたのです。一方、商船三井の船は、若干増えたものの、２８２隻にとどまっていました。株式の時価総額も、１９６４年には商船三井の３分の１にすぎなかったのに、１９７８年には１・５倍にもなりました。三光汽船は大成功を収めたわけです。

こうした「横紙破り」の行動をとった三光汽船にたいして、政府は何の制裁措置もとりませんでした。ただ優遇措置を適用しなかっただけだったのです。

結局、この「海運再編」では、「政府の計画に乗ったほうが得だ」と考えた企業は、「行政指導」に従い、「独自に行動するところにビジネス・チャンスがある」と考えた企業は、「行政指導」に従わなかったわけです。「日本は集団主義的なタテ社会なので、企業は政府の指導に素直に従う」という通説とは、ほど遠い現実です。

また、「行政指導」は、日本独特の慣行というわけでもありません。アメリカでも、「行政行為の90％は官僚の助言や指導、指示などによる非公式なものだ」という推計があります。[35]

「産業政策」の由来

「産業政策」は、このように、一般に信じられているほど効果的ではなかったのですが、それがおこなわれたことは間違いありません。しかし、それは戦前からおこなわれていたわけではありません。経済学者の野口悠紀雄《ゆきお》は、「政府が主導する経済体制は、日米開戦のすこし前、総力戦に備えて構築されたものだった」と指摘しています。(184)戦争が終わっても、それが尾を引いていたわけです。だとすれば、「集団主義的な日本文化」とは関係がないことになります。

さらに、政府が主導する戦時の経済体制は、日本に特有のものではありません。それが始まったのは、第一次世界大戦中のフランスでした。(63)開戦当初、フランスは主要な工業地帯をドイツに占領されてしまったので、戦争を遂行するためには、政府が強制してでも、国内の生産力を軍需物資の生産に集中させる必要があったのです。ドイツも、戦争が長引くと、軍需物資が不足し、総力戦体制をとるようになりました。個々の企業家が利益をあげようとする個人主義的な自由経済では、消耗戦は続けられなかったのです。

戦争が終わった後、総力戦体制が尾を引いたことも、日本だけのことではありませんでした。アメリカの歴史家ウィリアム・マクニール[63]は、第二次世界大戦のあとにも政府の統制が残存したと指摘し、政府が統制する経済は、「すべての先進工業国において、戦時の異常事態ではなく平時の常態」になったと述べています。

どこからどうみても、「産業政策」（邦訳295頁）は、「集団主義的な日本文化」とは関係がないようです。

日本経済は特殊か？

こうして、日本経済の全体像を映しだすデータと突き合わせてみると、「日本的経営」も、「系列」も、「日本株式会社」も、現実とはほど遠いことが分かります。そもそも、「日本経済は集団主義的だ」という議論は、しっかりしたデータから出てきたものではありませんでした。個人的な見聞や伝え聞いたエピソードがもとになっていたのです。この事情は、ほかの日本人論の場合とすこしも変わりません。

三輪とラムザイヤーは、「一犬影に吠ゆれば、百犬声に吠ゆ」という中国の成句を引いています。[164]「誰かが大した根拠もなしに述べた意見を、誰もが口真似するようになった」というのが、ほんとうのところだったのでしょう。

日本人論が盛んだった時期、欧米諸国のほかには、先進工業国になっていたのは日本だけでした。当然、誰もが「なぜ日本だけ経済成長ができたのか？」と不思議に思いました。「日本だけ」なのですから、何か日本に特有な要因を探さなければならないことになります。日本人の特徴は「集団主義」だと言われていたので、これなら条件にぴったりです。しかも、「大勢の人が力を合わせれば、大きなことを成し遂げられる」ということは誰もが知っていますから、「日本人は集団主義的だから、経済成長ができたのだ」という説明は、説得力充分です。その結果、「集団主義的な経済制度や経済運営が日本の経済成長をもたらした」という話が通説になり、「日本的経営」論や「産業政策」論といったもっともらしい議論にまで発展したわけです。

しかし、今になってみれば、非ヨーロッパ諸国のなかで、高度経済成長が日本の専売特許ではないことは、歴然としています。韓国やシンガポールも高度経済成長を成し遂げましたし、中国は、日本にかわって「世界第2位の経済大国」になりました。一時は「儒教の国は経済を発展させられる」と言われたこともありましたが、儒教圏の国々にとどまらず、マレーシアやインドネシアのようなイスラム圏の国々も高度成長をつづけています。アフリカからも、高度成長を始める国が出てきました。

こうなると、「集団主義」のように「日本に特有」な要因では、高度成長が説明できないことは明白です。

たしかに、「日本がいちばん最初に高度経済成長を達成したのはなぜか?」という疑問は残ります。でも、「韓国が中国より早く経済成長を達成したのはなぜか?」、「中国がヴェトナムより早く経済成長を達成したのはなぜか?」といった疑問も、同様に残るのです。そう考えれば、その答が「集団主義」のような単純なものではないことは明らかでしょう。

第5章
日本人論の言説を検証する

「日本人の集団主義」で説明されてきたのは、高度経済成長だけではありません。ほかにも、いろいろな事柄が「日本人の集団主義」で説明されてきました。そうした説明が、逆に、通説の信憑性を高めてきたという面もあります。「心理学の研究がどうなっているかは知らないけど、日本の学校には〝いじめ〟があるじゃないか」というわけです。でも、そうした事柄は、ほんとうに「日本人の集団主義」の表れなのでしょうか？　それを調べてみましょう。

日本語の特徴

日本人論では、「日本人は、集団と融合しているので、個我が確立していない。そのことは、日本語の特徴をみれば分かる」と言われてきました。

たとえば、「一人称の主語を省くことが多い」というような特徴です。「僕は、きのう釣りに行ってきた」と言えないわけではありませんが、ふつうは、ただ「きのう釣りに行ってきた」と言います。

こうした主語の省略は、日本人が「個我」を持っていないことを証明しているのでしょうか？

まず、次の文章を読んでみてください。

「手順は実に簡単である。まず、物をいくつかの山に分ける。もちろん、全体の量によっては、ひとかたまりのままでもよい。大事なことは、一回にあまり多くやらないことである。一回に多くやりすぎるよりも、少なすぎると思われるぐらいのほうがよい。目先のことだけを考えると、このような点に注意することの重要性は分からないかもしれないが、そうしないと面倒なことになってしまう。手順がすべて終わると、再び物を整理して、決められた場所にしまう。やがて、それらは再び使用され、そしてまた同じサイクルが繰り返される[34]。」

たぶん、何のことだか、さっぱり分からないと思います。「物」って何だろう？　「やる」って、何をやるのだろう？　「決められた場所」って、どこのことなのだろう？

でも、この文章のタイトルを見てから、もう一度、読みなおしてみましょう。どういう話なのか、すぐに分かります。タイトルは、「洗濯」です。

文脈にもとづく理解

いまの文例から、「話の内容を理解するときには、文脈情報を活用している」ということが分かります。文脈情報を使って、無意識のうちに、見聞きした言葉の意味を推察しているのです。「洗濯」という文脈が分かれば、「物」は洗濯物ですし、「やる」というのは洗うこと、「決められた場所」というのは洋服ダンスだ、とすぐに分かります。

「文脈」になるのは、言葉だけではありません。目に入ったこと、耳に入ったこと、頭に浮かんだこと、みな文脈として働きます。

「きのう釣りに行ってきた」と言っているのを聞いたときには、そう言っている本人が目の前にいるのですから、それが文脈情報になって、「僕は」と言われなくても、「釣りに行った」のが誰なのかは、すぐに分かるのです。

では、日本語に省略が多いのは、なぜなのでしょうか?

話し手と聞き手が文脈を共有しているときには、文脈から自然に推測できることは、わざわざ言わなくても、ちゃんと伝わります。共有している文脈が多くなればなるほど、「わざわざ言わなくてもいいこと」も多くなります。

日本人は、島国のなかで、(比較的にではありますが)似たような生活経験、似たような歴史経験を積んできました。その結果、かなり大量の文脈を共有しています。おかげで、少しばかり省略が多くなっても、意思疎通には、あまり支障をきたさずにすむのです。

省略が多いという日本語の習慣は、「集団主義的な国民性」を証明しているというわけではないのです。

心理述語

日本語については、「日本人が集団と融合している」ことの表れとして、ほかにもいくつもの特徴が挙げられてきましたが、ひとつひとつ検討するかわりに、逆から考えてみましょう。もし、ほんとうに「集団と融合している」のであれば、日本語には、個人が独立していることを示す特徴は存在しないはずです。ところが、近年の言語学の研究によれば、そういう特徴が存在するのです。そのひとつは「心理述語」です。[44]

「心理述語」というのは、たとえば、「僕は暑い」という文のなかの「暑い」、「私は君が正しいと思う」という文のなかの「思う」のように、思考、感覚、感情といった心理状態を表す言葉です。

では、友だちの家に行ったとき、友だちが「婆ちゃんは暑い」と言ったら、どうでしょう？　なんだか変な感じがします。ふつうなら、「婆ちゃんは暑そうだ」とか、「婆ちゃんは暑がっている」とか言うところです。もちろん、「僕は暑い」と言ったときには、変な感じはしません。

つまり、「暑い」のような心理述語は、話し手が自分自身のことを言うときには使えても、他人のことを言うときには使えないのです。

しかし、もし、通説が主張するように、「家族」という集団のなかで、「僕」と「婆ちゃん」が融合してしまっているのなら、「暑い」という心理述語は、どちらにも同じように使えるはずです。ところが、じっさいには、「僕」という話し手には使えても、「婆ちゃん」には使えないわけですから、心理述語は、「僕」と「婆ちゃん」が融合していないことを示していることになります。

このように、日本語には、集団のなかで個人が独立していることをはっきり示している特徴があるわけです（そうした特徴は、ほかにもあるのですが、それについては、廣瀬幸生・長谷川葉子『日本語から見た日本人』[44]をご覧ください）。そういう特徴がある以上、「〝日本人は集団と融合している〟ことを日本語が証明している」とは言えないことになります。

「甘え」

日本語に特有な語彙を抜き出してきて、「集団主義的な日本人」の証拠だと主張する議論もあります。その代表格は「甘え」論[70]です。

「〝甘え〟という言葉は日本語にしかない。英語には、同じ意味の言葉はない。だから、〝甘え〟は日本人に特有の性質なのだ。」

これが「甘え」論の主張です。この主張は、「日本人は、互いに甘え合い、もたれ合っている」とか、「集団と融合していて、個人が自立していない」とか、「個我が確立していない」とかいった議論につながります。

では、日本語に「甘え」という言葉があるという事実は、そういったことを証明しているのでしょうか？

英語には、「アイ・ミス・ユー」（I miss you）という言いかたがあります。学校英語流に訳すと、「私はあなたがいないことを寂しく思う」となるでしょうか。日本語には、この「ミス」（miss）にぴったり一致する単語はありません。では、日本人は、誰かがいないことを寂しく思うことはないのでしょうか？

もちろん、そんなことはありません。私もいま、子どもたちが家にいないことをとても寂しく思っています。

人間の心理状態は、きわめて複雑かつ多様です。「どの心理状態についても、それを正確に表す単語がある」というわけにはいきません。逆に言えば、特定の単語がないからといって、それに対応する心理状態が存在しないとは言えないのです。

英語には日本語の「甘え」に対応する単語がないからといって、それだけでは、「英語国民は、甘えたり、甘えさせたりすることはない」ということにはなりません。日本語に「甘え」という単語があるからといって、「日本人だけが甘える」ということの証明にはなりません。ましてや、「日本人は常に甘えている」とか、「個人が自立していない」とか、そんなことの証明にはならないのです。

言語相対性仮説

「甘え」論を唱えた土居健郎《たけお》は、その根拠として、アメリカの言語学者ベンジャミン・リー・ウォーフの言語相対性仮説を引用しています。「言語相対性仮説」というのは、「人間は、言語を通して事物を認識したり、考えたりするのだ」と主張する学説です（主唱者の言語学者2人の名前をとって、「サピア-ウォーフ仮説」と呼ばれることもあります）。「私たちが認識しているのは、絶対的な現実ではなく、違う言語を使っている人には違って見えるような、相対的な現実なのだ」というのです。

極端な場合、言語相対性仮説は、「思考＝言語」という主張になります。「考えるということは、頭のなかで言葉を操ることだ」という主張です。この極端な説に従えば、「自分の言語に、〝A〟という〝物〟あるいは〝事〟を表す単語がなければ、その〝A〟を認識することもできなければ、それについて考えることもできない」ということになります。「甘え」論は、この極端な説に近いように見えます。「日本語には〝甘え〟という言葉があるので、日本人は甘える。英語には〝甘え〟という言葉がないので、アメリカ人やイギリス人は甘えない」というのですから。

しかし、現在では、この極端な言語相対性仮説を主張している専門家は、一人もいません。反証が山ほど挙げられてきたからです。たとえば、言語を持っていない動物のなかにも、相当に高度な思考をする動物がいます（チンパンジーや犬、カラスのように）。そのことは、多くの観察や実験で立証されています。

穏当な言語相対性仮説

言語相対性仮説についての議論は、今でもまだ続いていますが、議論されているのは、「思考＝言語」という極端な説ではありません。「母語の性質は思考の性質に影響する」という、もっと穏当な仮説です。

その穏当な仮説すら、まだ「はっきりと証明された」とは言えないのが現状です。[77, 78] 今のところ、言えそうなのは、「あいまいな状況では、言語の影響が少し出てくるかもしれない」という程度のことだけです。

認知科学では、ＡＩ（人工知能）を開発するために、コンピュータに思考をさせようという研究が続けられてきました。その研究の過程で、思考には大量の非言語的な情報処理が必要だということが分かってきました。単語とは対応しない情報、文法とは対応しない情報処理ルールが大量に必要なのです。言語そのものを使うためにすら、大量の非言語的な情報処理が必要になります。

そうした情報処理は、ほとんど意識にのぼりません。意識にのぼるのは、たいがい、そうした情報処理の結果だけです。意識にのぼったとき、それは言葉に変換されているのが普通です。ですから、自分が何をどう考えているのか、意識で捉えようとすると、頭には言葉が浮かんでくることになります。そのため、どうしても「考えることは、頭のなかで言葉を操ることだ」という気がしてしまうわけです。でも、これは錯覚にすぎないのです。

実質的に思考を司っているのは非言語的な情報処理なので、使っている言語が違っても、思考には違いが出てこない、というわけです。そのため、言語相対性仮説を支持するはっきりした証拠は、なかなか見つからないのです。

言語相対性仮説がこれほど頼りないものだとすれば、言語相対性仮説を「甘え」論の根拠にしようとしても、それは無理な相談というものでしょう。

言語相対性仮説と差別

ちなみに、言語相対性仮説は、「異なる言語を母語とする人びとは、異なる考えかたをする」という学説なので、ともすれば、差別に利用されることになりがちです。

たとえば、「中国語と日本語には文法的な欠陥があり、そのせいで、英語を使っているアメリカ人に比べると、中国人と日本人は、科学的な思考をする能力が劣っている」と主張したアメリカの言語心理学者がいました。彼は、その主張を「実験で証明した」と称する本と論文を出版しました。[19, 20]

私は、彼の実験を調べていて、実験方法にミスがあることを発見しました。新たに実験をおこなって調べてみた結果、「ミスのせいで、彼は実験結果を間違って解釈していた」ということが明らかになりました。[89] 日本語のせいで、日本人の思考力が劣っているわけではなかったのです。

差別に加担しないようにするためには、言語相対性仮説には、くれぐれも用心しなければなりません。

いじめ

日本では、1980年代に、学校での「いじめ」が社会問題としてクローズアップされ、マスコミでしきりに取り上げられるようになりました。

日本では、何か目立った社会現象が起こると、「日本人の集団主義」で説明されることが多いのですが、「いじめ」もその例に漏れませんでした。「〝いじめ〟は、集団に同調しない異分子を排除しようとする、集団主義的な日本社会に特有の現象だ」と言われたのです。

アメリカで暮らしたことのある日本人が「アメリカには〝いじめ〟はない」と断言することも、よくありました。「個人主義的なアメリカの社会では、人と違うことは、〝個性〟として誉められこそすれ、〝いじめ〟の原因になったりすることはない」というのです。

こう信じていたのは、日本人だけではありません。アメリカ人もそうでした。

１９８０年代半ばのことですが、アメリカでテレビを見ていたとき、「〝いじめ〟が原因で日本の中学生が自殺した」というニュースが流れて、CBSテレビのキャスターが、「学校での〝いじめ〟は、日本人の集団主義の表れだ」とコメントしていました。数年後、ニューヨーク・タイムズ紙も、日本で「いじめ」による自殺者が出たことを報じたとき、日本通のアメリカ人による同様の見解を掲載しました。[(180)]

アメリカでの「いじめ」

では、アメリカの学校には「いじめ」はないのでしょうか？

実は、あるのです。[27] ２０００年代になって、アメリカでも、そのことが広く認識されるようになりました。[73]

アメリカでも、何か目立つところのある子どもは、「いじめ」の犠牲になりがちなのです。太っている、内気だ、唇が魚みたいだ、「自分はレズビアンだ」とカミングアウトした、美人すぎる……等々。叩かれたり、蹴られたりすることもありますし、用を足していると き、後ろから小便器に突きとばされることもあります。レイプされることすらあります。[72]「いじめ」を苦にして自殺した子供も、たくさんいます。そうした子どもたちを悼《いた》んで、風船を空に放つという催しが各地でおこなわれたこともありました。[73]
　2011年には、ホワイトハウスで「いじめ防止サミット」が開催され、その席で、当時のオバマ大統領も、「〝いじめ〟をなくそう」と呼びかけました。[74]
　それよりずっと前、1985年に発表された日米比較調査があります。日本青少年研究所が中学生を対象におこなったアンケート調査です。(182) それによると、「いじめられたことがある」と回答した中学生の割合は、日本よりアメリカのほうが多かったのです(図16)。
ほかの調査の結果を見ても、研究の結果を見ても、アメリカの学校に「いじ

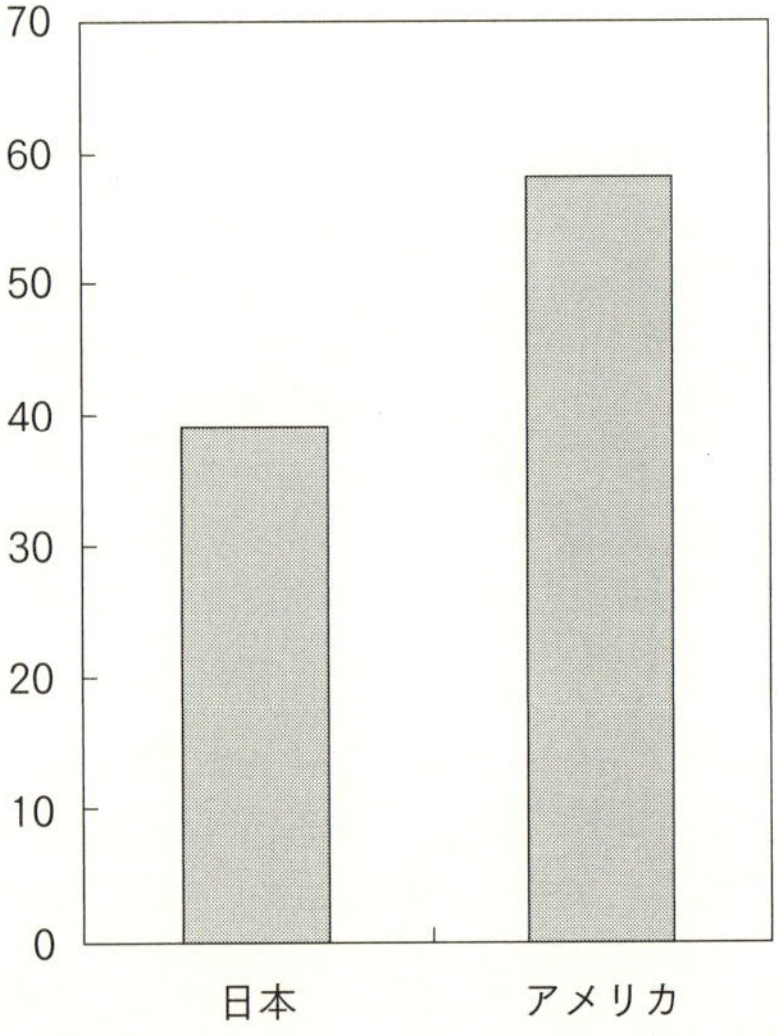

図16 「いじめられたことがある」と答えた中学生の割合

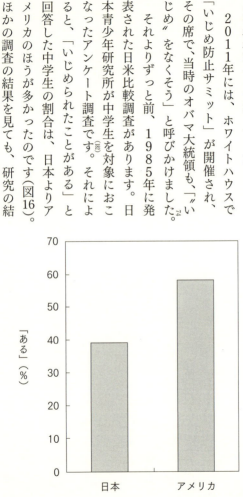

め」があることは、歴然とした事実です（ほかの調査については、前著『「集団主義」という錯覚』をご覧ください）。

なぜ「アメリカには〝いじめ〟はない」と言われたのか？

じっさいには、アメリカにも「いじめ」があるのなら、日本の識者やアメリカのジャーナリストが「アメリカには〝いじめ〟はない」と思っていたのは、なぜなのでしょうか？

私は授業で、「自分の学校に〝いじめ〟で自殺した人はいましたか？」と訊いてみたことが何度かあります。手が上がったことは、一度もありませんでした。

「いじめ」が原因で子どもが自殺するという事件が起こっても、直接それを見聞きする人は、日本人全体からみれば、ごく少数なのです。しかし、その事件をマスメディアが報道すれば、「誰もが知っている事実」になります。

日本の識者のなかには、「長いことアメリカにいたけれども、〝いじめ〟を見聞きしたことは一度もなかった。だから、アメリカには〝いじめ〟はないのだ」と断言する人もいました。しかし、「自分が〝いじめ〟を見聞きしなかった」ということは、「アメリカには〝いじめ〟がない」ということの証拠にはならないのです。アメリカでは、「いじめ」がマスメディアで報道されていなかっただけなのかもしれないのです。じっさい、アメリカにも「いじめ」はありました。

では、アメリカのマスメディアが「いじめ」を報道していなかったのは、なぜなのでしょうか？

おそらく、もっと目立つ事件の陰に隠れていたのでしょう。アメリカでは、しばしば、学校で銃の乱射事件が起きます。学校の入口に金属探知機を備えて、生徒が銃やナイフを持ち込まないように、監視しているハイスクールもあるほどです。そういう問題ほど派手ではない「いじめ」は、あまり注意をひかず、見過ごされていたのでしょう。

「いじめ」が社会問題として認識され、マスメディアが大きく取り上げるようになった時期は、国によって大きく違います。日本では１９８０年代でしたが、スウェーデンでは、早くも１９６０年代の末に、「いじめ」がマスメディアの話題になりました。アメリカでは、それが遅かっただけなのです。

研究が進んだ結果、「いじめ」はどこの国にもあることが分かってきました。[51, 65, (170)]「個人主義的だ」と言われてきたイギリスやカナダでも、「いじめ」は深刻な社会問題になっています。「いじめ」は、「集団主義的な日本社会に特有の現象」ではないのです。

スポーツ

日本人論では、スポーツ選手の成績について、こんなことが言われていました。「日本人は、互いに甘え合い、もたれ合っていて、個我が確立していない。だから、個人の力がものをいうスポーツでは、欧米の選手にはとても太刀打ちできないのだ。」

日本人論の最盛期には、オリンピックや世界選手権で優勝する日本人は僅かだったので、こういう議論に説得力を感じた人も多かったのではないかと思います。しかし、現在では、日本のアスリートは、いろいろな競技で、欧米のアスリートと互角に競っています。「日本人は集団主義的だから……」という議論に、「なるほど」とうなずく人は、もう少なくなっているのではないでしょうか。

日本でいちばん人気のあるスポーツは野球でした。しかし、「チームという集団に埋没している日本の野球選手は、アメリカの大リーグに挑戦する勇気もないし、大リーグではとても通用しない」と言われていました。

ところが、1995年、野茂英雄投手が大リーグへの挑戦を表明しました。野茂は、所属球団に反対され、マスメディアに批判されながらも、その意志を貫き通してアメリカに渡りました。体を大きく捻る独特の投球フォームは「トルネード（竜巻）投法」と呼ばれ、バッタバッタと三振をとって、アメリカの野球ファンに大人気を博しました。新人王にも選ばれましたし、ノーヒットノーラン（無安打無得点試合）を2度も達成しました。大リーグのスター選手になったのです。

イチロー

日本人論を代表する著作といえば、アメリカの文化人類学者ルース・ベネディクトの『菊と刀』でしょう。この『菊と刀』をもじった『菊とバット』という本があります。[104]ロバート・ホワイティングというアメリカのジャーナリストが書いた野球版の日本人論です。

ホワイティングは、イチロー選手がアメリカに渡る直前、「イチロー君、大リーグは甘くないぞ」と題した記事を総合雑誌に掲載し、「日本ではスーパースターだったイチロー選手も、大リーグでは平凡な選手にしかなれない」と断言しました。[105]ところが、アメリカに渡ったその年、イチローはいきなり大活躍をしました。新人王はもとより、MVP（最優秀選手）、首位打者、盗塁王など数々のタイトルを総なめにしたのです。

ホワイティングは、こう書いていました。「読者諸君も期待しすぎないことだ。来年の大リーグオールスター戦にイチローが選ばれるなんて夢のようなことはいわないで、もっと地道な成果を期待したほうがいい」（124頁）。現実には、イチローは、その「来年の大リーグオールスター戦」に、ファン投票で最多得票数を得て選ばれました。それから8年連続でオールスター戦に出場し、2007年には、オールスター史上初のランニング・ホームランを打って、MVP（最優秀選手）にも輝きました。イチローは、大リーグでもスーパースターになったのです。

言うまでもなく、大リーグで活躍した日本人は、野茂とイチローだけではありません。ここで銘記しておきたいのは、彼らが集団としてではなく、個人として活躍したことです。

優れたアスリートを生む条件

「日本人は集団主義的だから、世界の檜舞台では活躍できないのだ」という説明は、単純でわかりやすい説明でした。「日本人は集団主義的だ」という見方は広く行きわたっていましたから、「なるほど」と思える説明でもありました。しかし、日本のアスリートがこれだけ世界で活躍するようになってくると、「日本の集団主義的な国民性」による説明は、どうしても怪しげに見えてきます。

戦後の数十年間、スポーツ界で日本人が欧米人になかなか太刀打ちできなかったことには、もっと複雑な事情が絡んでいたのではないでしょうか。

たとえば、経済的な事情です。戦後、外貨不足だった時期には、スポーツ選手の多くは、海外の競技大会には、参加することすら困難でした。外貨制限は、1964年から80年にかけて、徐々に緩められていきましたが、日本が経済的な成功をおさめて、スポーツ界に豊富な資金が流れこむようになるまでは、選手にとって、海外経験を積むことは、そう容易ではなかったのです。日本が貧しかった時代には、競技施設も整備されておらず、競技によっては、充分な練習を積むこともできませんでした。

伝統の違いという事情もあります。国際競技のほとんどは、欧米諸国が発祥の地です。当然、欧米諸国では、競技施設も整っていますし、技術や戦術も蓄積されています。優れた指導者も育っています。競技人口が多ければ、並外れた選手が出てくる確率も高くなります。

日本人に伝統の力を実感させてくれる良い例は、柔道でしょう。柔道は、日本で生まれた競技なので、国際競技になった当初は、優勝者の大部分は日本人でした。しかし、柔道が世界の各地に根づき、それぞれの伝統ができあがってくると、日本の選手も、なかなか優勝できなくなりました。

ほかにも、食生活と体格の問題など、いろいろな事情が考えられます。いずれにしても、「日本人は集団主義的だから……」という説明は、手軽でもっともらしくても、その妥当性には、大きな疑問符がつくのです。

創造性

創造性の問題についても、スポーツの場合と同じことが言えそうです。

日本人論では、「集団主義的な文化のせいで、日本では、個人が独自の考えをもつことができず、そのため、日本からは創造的な業績が出てこないのだ」と言われました。日本にはノーベル賞受賞者が湯川秀樹と朝永《ともなが》振一郎の2人しかいなかったという時代には、こういう議論にも、それなりに説得力がありました。

しかし、最近は、ほとんど毎年のように、日本人がノーベル賞を受賞しています。試しに、21世紀にはいってから（2001年から2018年までの18年間に）、自然科学部門（物理学賞、化学賞、医学・生理学賞）で何人の受賞者が出たか、調べてみましょう。

受賞したときの国籍ではなく、もとの国籍で分類します。ですから、南部陽一郎と中村修二の2人も「日本人受賞者」に含まれることになります。

そうすると、日本人受賞者は17人になります。「欧米諸国」をみると、アメリカは別格として、それ以外で受賞者がいちばん多いのはイギリスですが、18人です。日本と変わりません。ドイツは8人、フランスも8人で、日本よりずっと少ないのです。

この数字を見ただけでも、「個人主義的な欧米人は創造的だが、集団主義的な日本人は創造的ではない」という説には、信憑性が感じられなくなるのではないでしょうか。

創造的な研究成果が生み出せるかどうかは、精神文化とは別のさまざまな要因に左右されます。なかでも、やはり、経済的な要因は重要です。貧しい国では、高等教育を受けられる人の数が少なく、当然、ノーベル賞受賞者を出すことも難しくなります。研究費が乏しければ、高額な実験装置を購入することもできません。戦後の早い時期にノーベル賞を受賞した湯川秀樹と朝永振一郎が、ともに理論物理学の研究者だったことは象徴的です。彼らは紙と鉛筆だけで研究ができたのです。

アメリカのノーベル賞受賞者

一方、アメリカは、3桁の受賞者数を誇っています。これは、アメリカ人の個人主義のおかげなのでしょうか？

しかし、そのアメリカも、第一次世界大戦が終わるまでは、ノーベル賞受賞者は2人しかいませんでした。いちばん多かったドイツは17人、イギリスは8人、フランスは10人でした。当時のアメリカは、科学研究の分野では、ヨーロッパ諸国から「後進国」と見られていたのです。

しかし、アメリカの経済力がヨーロッパ諸国を凌ぐようになると、アメリカは数多くの科学者を惹きつけるようになりました。特に、ドイツでナチスが政権を握ったころからは、ドイツから多数の科学者がアメリカに亡命し、アメリカの研究水準を大幅に引き上げました。現在も、豊かな国アメリカは、世界中から優秀な人材を吸収しつづけています。膨大な科学研究費は、優れた研究成果を生み出す基盤になっています。アメリカが誇るノーベル賞受賞者の数は、アメリカの経済的な豊かさの表れでもあるのです。近い将来、経済発展をとげた中国がノーベル賞受賞者を輩出するようになるでしょう。

言語も大きな要因のひとつです。英語が国際語として地歩を固めつつある現在、英語を母語とする研究者は、文献を読むにしても、論文を書くにしても、国際会議で討論をするにしても、圧倒的に有利な立場にあります。

「言葉に不自由しない」というだけではありません。慣れない外国語を使っている最中は、一時的に思考力が低下するのです。これは、私の実験ではじめて立証された事実です[90,91]。英語を母語とする研究者は、慣れない外国語を使う必要がないので、この点でも恵まれているわけです。

創造的な仕事ができるかどうかを左右する要因は、ほかにもあるでしょう。いずれにしても、「アメリカ人の個人主義が数多くのノーベル賞受賞者を生み出した」と考えなければならない理由はないのです。

日本の「近代化」

「日本人の集団主義」は、高度経済成長のみならず、日本の「近代化」もうまく説明できるように見えました。「集団主義的な日本人は、力を合わせるのが得意だ。そのおかげで、アジア・アフリカ諸国のなかでは、日本だけが近代化を成し遂げ、先進国の仲間入りをすることができたのだ」という説明は、戦後数十年のあいだは、直観的に納得のいく説明だったのです。

しかし、近年、日本以外のアジア諸国も、目覚ましい発展を遂げています。超高層ビルが建ち並ぶ上海やシンガポールの景観を目にすれば、この説明の綻《ほころ》びは一目瞭然でしょう。「日本人の集団主義的な国民性」では、中国やシンガポール、韓国やマレーシアの発展を説明することは、できようはずがありません。

説明しなければならないのは、「なぜ日本だけが近代化したのか？」ではなくて、「なぜ日本がいち早く近代化したのか？」になってきたのです。こういう問の立てかたをしてみると、「日本人の集団主義」以外に、いろいろな要因が頭に浮かんできます。

たとえば、地理的な条件です。日本は、「極東」にあります。つまり、ヨーロッパからは、いちばん遠いわけです。そのおかげで、ヨーロッパ列強の脅威に直《じ》かにさらされる前に、もっとヨーロッパに近い国々が先に侵略を受けて、その結果がどうなったかを知ることができました。

アヘン戦争については、長崎に入港した中国やオランダの船から情報を得ることができました。高杉晋作も、ヨーロッパ列強に踏みにじられている中国の有様を、自分の目で見ることができたのです。時間的な余裕があったおかげで、日本の国内では、「列強に対抗して国を守らなければならない」という気運を盛り上げることができました。

いったん植民地化されてしまうと、宗主国の産品を買わされて自国の産業が衰退したり、商品作物の栽培を強制されたりして、自律的な発展が難しくなってしまいます。日本は、そうした桎梏《しっこく》を免れることができました。

満洲族が支配していた中国や、中央アジアからやってきたイスラム王朝が支配していたインドでは、支配層は、ヨーロッパ列強に対抗するために、民族意識に訴えて人民を団結させるわけにはいきませんでした。一方、日本の場合は、異民族に支配されていたわけではなく、民族対立や宗教対立を抱えていたわけでもなかったので、国内をまとめて列強に対抗することは、「比較的に」ではありますが、容易でした。

また、日本の開国前後の時期、ヨーロッパ列強が戦争で手いっぱいだったという国際情勢も幸いしました。最大の植民地帝国イギリスは、クリミア戦争でフランスとともにロシアと戦い、その直後には、アロー号事件で、やはりフランスとともに清国と戦い、そのさなかにインドで大反乱（いわゆる「セポイの乱」）が起こり……という具合に大忙しでした。砲艦外交で日本を開国させたアメリカでは、内戦（南北戦争）が起こり、植民地どころではなくなっていました。日本は、こうした時勢にも恵まれて、中央集権体制を確立し、経済力と軍事力を高めることができたのです[64]。

ほかにも、いくつもの要因が絡んでいることでしょうが、確かなことは、「日本がいち早く近代化に成功した」理由については、「日本人の集団主義」よりも、ほかにもっと現実的な説明が可能だ、ということです。

「近代化」と「集団主義」

そもそも、日本人が特別に集団主義的だったという証拠はないのですから、それを前提にして考えれば、「集団主義が日本の近代化を可能にした」という議論には真実味がありません。一方、歴史を大局的にみると、むしろ、「近代化が集団主義を促《うなが》した」という逆の関係が見えてきます。

産業革命が始まったころ、イギリスには「聖月曜日」という風習がありました。[50] 週末に給料をもらった労働者は、休日に飲んだくれて、月曜日になっても仕事に出られなくなり、月曜日も「休日」になってしまう——これが「聖月曜日」です。

農民や職人の場合は、こんな働きかたでも、そう困ることはありませんでした。しかし、工場労働者の場合は、こんな働きかたをしていたのでは、機械を効率的に動かすことができません。そのため、労働時間が厳しく管理されるようになり、「聖月曜日」は消えていきました。

「近代化」の過程では、たくさんの人たちが規律を守り、「集団主義的」に働かなければならない場面が増えていったのです。

工場だけではありません。近代にはいると、大企業、鉄道、学校といった大きな組織が次つぎに誕生します。こうした組織を破綻なく運営していくためには、その構成員はみな、組織のルールに従って規律正しく行動しなければなりません。先頭をきって近代を切り拓いていった西欧諸国は、じつは、集団主義的な社会を築いていくという点でも、先頭に立っていたのです。

「西洋式の軍隊」

近代にはいると、軍隊にも同じような集団主義化が起こりました。

源平合戦のころの日本では、ご存じのように、騎馬武者は「誰のなにがし」と高々と名乗りをあげてから戦いを始めました。甲冑に身を固めた騎士が活躍した中世のヨーロッパでも、戦いかたは似たようなものでした。

しかし、激しい戦争を繰り返していると、「個人の武勇に頼るより、多くの兵士を規律正しく動かしたほうが有利だ」ということが分かってきます。日本でも、戦国時代には、源平合戦のころに比べれば、戦いかたはずっと「集団主義的」になっていましたが、戦争のやむことがなかったヨーロッパでは、さらに集団主義化が進みました。

日本では江戸時代のはじめにあたる時期、ヨーロッパではオランダのナッサウ伯マウリッツによる「軍事革命」が起こりました（マウリッツは、オランダが徳川幕府に送った書簡のなかで「オランダ国王」と呼んだ人物です）。彼が始めたのは、それまでにはなかった「軍事教練」でした。

マウリッツは、火縄銃を撃つのに必要な動作を分析して、42個の単位に分け、ひとつひとつに名前をつけました。指揮官がその名前を怒鳴ると、すべての兵士が同時にその動作を実行するという訓練を、毎日、毎日、繰り返したのです。この訓練の結果、一斉射撃の威力は高まり、次の一斉射撃までの時間も短くなりました。[63]

織田信長は、長篠の合戦で、「三段撃ち」という戦法を使ったと伝えられています。第1列の鉄砲隊が射撃をすると、すぐに第3列の後ろにまわり、第2列と第3列が射撃をしているあいだに弾ごめをする、という戦法です。もっとも、「信長は、じっさいにはこの戦法を使わなかった」という説もあります。

マウリッツは、第1列の鉄砲隊が後ろにまわる動作を「背進」と呼び、これも繰り返し練習させました。その結果、一斉射撃から次の一斉射撃までの間隔は、さらに短くなったのです。

こうした軍事教練は、戦闘動作を効率的にしただけではありません。アメリカの歴史家ウィリアム・マクニールは、こう書いています。「教練というものには、市民社会の最下層から徴募されてきた者を含む、あらゆる雑多な男たちの寄せ集めを、生命や手足を失う危険が歴然と差し迫っている極限状況にあっても命令に服従する、団結強固なコミュニティに変えてしまう力があった」[63]（邦訳上巻264頁）。

幕末から明治にかけて、日本が取り入れようとした「西洋式の軍隊」は、このような極度に集団主義的な組織だったのです。

集団主義は「悪」か？

こう考えてみると、「集団主義」の評価も変わってくるのではないでしょうか？

日本人論では、「集団主義」は、たいがい否定的に語られてきました。「〝いじめ〟は、集団主義的な日本社会に特有の現象だ」とか、「集団主義的な日本人は、創造的な思考ができない」とかいうように。「高度経済成長の原動力」としての「集団主義」は例外でしたが、この「集団主義」も、バブル崩壊のあとは、否定的に語られるようになりました。

「集団主義」にたいする否定的な評価は、あきらかにアメリカの影響を受けています。「個人主義」は、アメリカ人にとって至上のイデオロギーである自由主義と民主主義の基礎であり、第1章で紹介したルークスの言葉を借りれば、「人類進歩の最終段階を指し示すもの」(146)（邦訳17頁）なのです。その「個人主義」の対極にある「集団主義」は、アメリカ人にとっては、当然、否定的な意味合いをもつことになります。日本人論のベストセラーの多くは、そのアメリカ人によって書かれたものなのです。

しかし、近代社会には集団主義が欠かせないことを考えれば、集団主義を「悪」と決めつけてしまうのは、単純にすぎます。じつは、近代社会どころか、集団主義は、人類の黎明期から重要な役割を担っていたとも考えられるのです。

ネアンデルタール人との生存競争

数万年前、現生人類の祖先がアフリカ大陸からユーラシア大陸に進出したとき、そこには、現生人類より大きな脳と頑丈な骨格をもつネアンデルタール人が住みついていました。そのネアンデルタール人が絶滅し、現生人類が生き残ったのはなぜだったのでしょうか？

イスラエルの歴史家ユヴァル・ノア・ハラリは、こう説明しています。[37]――現生人類は、ネアンデルタール人とはちがって、「フィクション」を生み出し、それを信じるという能力をもっていた、というのです。「神」というフィクション、キリスト教やイスラム教のような「宗教」というフィクション、民主主義や共産主義などの「イデオロギー」というフィクションです。社会の構成員がみなそのフィクションを信じることによって、全員が自発的に協力し、力を合わせることが可能になったおかげで、個々人としては優れた能力をもっていたネアンデルタール人を凌駕することができた、というのです。

この説明が正しいとすれば、「集団主義こそは、現生人類が生き残り、繁栄することを可能にした原動力だった」ということになります。

集団主義の功罪

とはいえ、集団主義の圧力が強くなりすぎると、個人の自由が圧迫されます。とくに近代社会では、集団のルールや規律が個人を強く縛るようになってきました。個人の利害は集団の利害と一致するとはかぎりません。組織が強大な力をふるうようになれば、個人の福祉は犠牲にされることが多くなります。現代の社会で、多くの人びとが個人主義に惹かれるのは、それが理由なのでしょう。

しかし、すべての個人が社会のルールを完全に無視して、自分の思いどおりに振る舞うようになれば、社会は崩壊してしまいます。個人主義と集団主義のあいだでは、バランスが大切なのです。

どちらにウェイトをかけるべきかは、社会をとりまく状況によっても変わります。外敵の脅威にさらされているときには、集団主義を優先して、社会を防衛することが最善かもしれません。一方、政治指導者が自分の権力を守るために、「外敵の脅威」をつくりだして、団結を鼓吹《こすい》しているようなときには、個人主義を優先したほうが賢明かもしれません。

いずれにしても、集団主義的な行動がよいのか、個人主義的な行動がよいのかは、その場その場で、いろいろな要因を考慮して判断しなければならない複雑な問題なのです。「個人主義は善、集団主義は悪」というアメリカのイデオロギーに囚われていると、それを見誤ってしまうことになりかねません。

第6章

なぜ「集団主義的な日本人」は常識になったのか？

ここまで、日本人はほんとうに「集団主義的だ」と言えるのかどうか、さまざまな研究や統計データを参照しながら、調べてきました。この章では、まず、その結果を手短かにまとめてみます。その上で、なぜ「日本人は集団主義的だ」という説が生まれ、広く信じられるようになったのか、その経緯を調べてみることにしましょう。

日本人は集団主義的か?

「日本人は集団主義的だ」という通説は、日本人論の核心です。しかし、この通説は、科学的な研究から出てきたわけではありません。あげられた「証拠」のほとんどは、個人的な見聞やエピソードといった事例でした(第2章)。しかし、じっさいには、通説に反して、日本人が個人主義的に振る舞う事例も、アメリカ人が集団主義的に振る舞う事例も、探せばいくらでも見つかるのです(第2章)。科学的な方法で日本人とアメリカ人を比較した研究の結果は、通説とは一致しませんでした。「日本人はアメリカ人より集団主義的だ」という主張を裏づける科学的な証拠はないのです(第3章)。日本の経済制度や経済運営は「集団主義的だ」と言われてきましたが、経済統計をきちんと調べてみると、「日本的経営」や「系列」など、いずれも現実とはかけ離れていることが分かります(第4章)。「いじめ」のような社会現象も、「日本人の集団主義」によって説明されてきましたが、こうした説明は、最近の研究には支持されていません。「日本のスポーツ選手は、精神的に自立していないので、欧米のスポーツ選手には太刀打ちできない」といった過去の言説は、今となっては、もはや現実味がありません（第５章）。

きちんと事実と突き合わせてみると、「日本人は集団主義的だ」という通説は、どうみても、正しいとは言いがたいのです。というより、「明らかに間違っている」と言うべきでしょう。では、その間違った説が、なぜ通説になり、世界中で信じられるようになってしまったのでしょうか？

ローウェルというアメリカ人

「日本人は集団主義的だ」という通説の源を探っていくと、パーシヴァル・ローウェルというアメリカ人に行き着きます。日本でいえば明治時代の人です。ボストンの裕福な名家の出身で、グランドキャニオンの近くに私設の天文台をつくってしまうほど、財力をもっていました。

この人は、「火星の表面に見える縞模様は、火星人がつくった運河だ」という説を唱えて、有名になりました。本も出版しています。私が子どものころは、まだこの説が少年雑誌に載っていたような気がします。

もちろん、火星人はいませんでした。ローウェルが望遠鏡で見たという「縞模様」も、のちの天体観測者は確認することができませんでした。

ローウェルは、火星人の前には、日本人に興味をもっていました。大森貝塚の発見で有名なアメリカの動物学者エドワード・モースの講演に触発されて、明治16年（1883年）、はじめて日本を訪れました。以後、10年間に5回ほど日本に出入りしています。

ローウェルは、日本について、3冊の本を出版していますが、「集団主義」論と関係が深いのは、最初の本『極東の魂』[145]です。この本は、明治21年（1888年）にアメリカで出版されました。

「日本人には個性がない」

この『極東の魂』のなかで、ローウェルは、「日本人の特徴は、個性がないことだ」と何度も何度も強調しています。「個性がない」というのは、原語では〝impersonal〟です。邦訳では「没個性」と訳されています。

ローウェルの意見によれば、「人間は進化するにしたがって個性的になっていく」のですが、日本人は、その進化が途中で止まっているというのです。ここには、イギリスの哲学者ハーバート・スペンサーの影響が見てとれます。ローウェルが日本を訪れた時期、アメリカでは、スペンサーの社会進化論が最盛期を迎えていました。社会進化論は、人間の社会が、集団主義的な「軍事型社会」から、個人主義的な「産業型社会」へと「進化する」と主張していました。

ローウェルは、「民族は、西から東へといくにしたがって、アメリカ、ヨーロッパ、中近東、インド、日本の順で、次第に没個性的になっていく」と記しています。「アメリカ人がいちばん個性的で、日本人がいちばん没個性的」というわけです。「フランスはヨーロッパの中で最も没個性的国家である」（邦訳85頁）などと書いているところからみると、ローウェルは、いわば「アメリカ・ファースト思想」の持ち主だったようです。

この「西から東へと」というところは、ドイツの哲学者ヘーゲルの『歴史哲学』[41]を思い起こさせます。ヘーゲルは、「東から西へといくにしたがって、自由の精神が発達していく」と説きました。「自由」を「個性」に置きかえれば、そっくり同じ議論になります。ローウェルは、ハーバード大学を出ていますから、そこでヘーゲルの思想に触れていたのかもしれません。

「没個性」論の根拠

では、何を根拠に、ローウェルは「日本人には個性がない」と断じたのでしょうか？

じつは、根拠はまことに薄弱で、ごく表面的な観察でしかなかったのです。たとえば、「日本語では人称代名詞が欠落している」（邦訳79頁）とか、「年齢を数えるとき、個人の誕生日から数えるのではなく、一律に元日から数える」とかいった観察です。

ローウェルが『極東の魂』を書いたのは、はじめて日本を訪れてから、滞在期間が合わせて1年ほどにしかならない時期でした。ローウェルは、日本に来てから日本語を学び始めましたから、日本語の学習期間も1年ほどでしかなかったことになります。[167]

たとえば、ラオスの言語であるラオ語を知らない日本人が、はじめてラオスに行って1年たったときのことを想像してみてください。ラオス人ひとりひとりの個性をはっきり認識することができるでしょうか？

人の個性は、主に言葉をつうじて感得《かんとく》されます。どんな場面で、何を言われたとき、どういう言葉を返すのか――そういうところに人柄がよく表れるからです。言葉がよくわからなければ、個性を感得《かんとく》することも、個性の違いを見分けることも困難です。日本語を学びはじめて1年にしかならなかったローウェルには、そもそも、日本人の個性を認識することは難しかったはずなのです。

じっさい、ローウェルは、日本人について、ずいぶん見当はずれなことを書いています。たとえば、彼は「日本人には恋愛感情がない」と断言します。「運命の女神は節約し過ぎて、彼らに恋心を与えなかった」（邦訳51頁）というのです。同じアメリカ人でも、『源氏物語』を英訳したエドワード・サイデンステッカーなら、この意見には同意しなかったでしょう。むろん、日本人のなかに同意する人がいるとは思えません。読者はどうでしょう？

『極東の魂』は、「日本では、何もかもが逆さまだ」という話から始まっています。「言葉の順序を全く逆にしてしゃべること、書く時には筆を右から左に動かすこと、本は一番最後の頁から読むこと」（邦訳10頁）。この「アメリカとは逆」という印象をベースに、日本人の個性を感得《かんとく》できなかったという実体験、アメリカ人の個性を誇りとする「アメリカ・ファースト思想」、スペンサーの社会進化論、それに、ヘーゲルの歴史観などがないまぜになって、「日本人には個性がないはずだ」という先入観ができあがり、その先入観にもとづいて、日本で見聞きした事物を解釈したのでしょう。「日本人には個性がない」という主張は、事実の正確な観察にもとづく帰納的思考の産物ではなく、先入観にもとづく演繹的思考の産物だったということになります。

『極東の魂』の影響力

しかし、アメリカ人の先入観に発した主張だけに、ローウェルの没個性論は、欧米人にとっては、むしろ説得力があったのかもしれません。近年、アメリカの人類学者デイヴィド・プラースは、こんなことを書いています。[191]「日本人は個性に欠ける、あるいは西洋の基準からみて性格的に弱いと考えることは、西洋人にとって、おそらく非常に気持ちのよいことだったのであろう」（邦訳319頁）。

そうしたことも手伝ってか、『極東の魂』は、アメリカでは、かなり広く読まれたようです。ラフカディオ・ハーン（小泉八雲）は、アメリカでこの本を読んで感激し、日本への渡航を決意しました。[167] ハーンは、友人に書き送った手紙のなかで、この本を「神の手になったような一冊だ」（39頁）とまで絶賛しています。

『極東の魂』には、戦後の日本人論でよく耳にした話がいくつも出てきます。たとえば、「個我が共同体の精神に溶け込んでしまう」（邦訳35頁）という記述。ここで「個我」と訳されているのは、原文では「個人のアイデンティティー」(the identity of the individual) です。「個人性」(individuality) という言葉も「個我」と訳されています。日本人論には、耳慣れない「個我」という言葉がよく出てくるのですが、このあたりに由来しているのかもしれません。

日本語については、「代名詞がなく、我、汝、彼の区別をしない」という指摘のほかに、おなじみの「文に主語がない」という指摘もあります。

「日本人は自尊心が強くない」とも言っていますが、最近の心理学では、第1章で紹介した自己観理論との関係で、この点について賛否の議論が闘わされています。

天才もいないが、「野蛮で無知な人物」も少なく、「ほとんどの人々が中間の領域にいる」(邦訳200頁) という日本人評も、戦後の日本人論では、似たような議論をよく耳にしたものでした。ローウェルは、「日本人は、インドや中国から文化を輸入し、模倣してきたが、自分で新しい考えを生み出すことはできず、独創性に欠けている」とも主張しています。

「日本人は子どもの段階で止まっている」という指摘は、ダグラス・マッカーサーがアメリカ議会で述べた「日本人は12歳の少年のようだ」という見解のなかに谺《こだま》しています。「手先が器用」という形容も、日本人論の定番です。

このように、『極東の魂』には、日本人論の主な主張が既に出揃っている感があります。日本人論は、ローウェルの独断を延々とオウム返しにしてきたわけです。まさに、「一犬影に吠ゆれば、百犬声に吠ゆ」です。

「日本人」のイメージ

アメリカでは、ローウェルの「没個性」論が土台になって、「日本人」のイメージができあがっていきました。

第二次世界大戦が始まったころに書かれて、アメリカで出版された『敵国日本』[22]という本があります。著者は、戦前、「タイムズ」や「ニューヨーク・タイムズ」に日本から記事を送っていたヒュー・バイアスというジャーナリストです。この本のなかで、バイアスはこう書いています。「独裁者が出現しないのは、政治的に日本は個人から成り立つ国家ではなく、比喩をもって表現すれば、巣箱の防衛のために集団で活動し、騒ぎ立て、戦う、ひと箱のミツバチだからだ」(邦訳12頁)。

やはり第二次世界大戦のさなか、アメリカは『汝の敵を知れ—日本』というプロパガンダ映画をつくりました。監督は、アカデミー賞の監督賞を3回も受賞したフランク・キャプラでした。

この映画は、日本人は、「同じネガから焼きつけた写真プリント」のように、個性のない人間たちだと説明します。そして、小学校の教室で、生徒が一斉に手を上げ、「本」という字を空中に書いているシーンを映しだします。いかにも「個性のない人間たちの集団行動」に見えるシーンです。

また、工場で働いている日本人の姿には、「日本人は、義務教育のなかで、みな同じように考えるように教育されるので、たとえ命を縮めることになっても、従順に長時間労働を続けるのだ」というナレーションをかぶせます。

「日本人には個我がない」というローウェルの主張が、「個我をもたない日本人は、自分を犠牲にして集団に尽くす」という主張に発展してきたことが分かります。

こういう形の集団主義論になった理由は、おそらく、日本の近代化がうまく説明できたからでしょう。これなら、「アジア・アフリカ諸国のなかで、なぜ日本だけが近代化できたのか？」という疑問にうまく答えられるように見えます。「たくさんの人が力を結集すれば、大きなことを成し遂げられる」という知識は誰もがもっているので、「日本人は自分を犠牲にして、集団のために力を結集したので、日本は近代化に成功したのだ」という説明は、誰にとっても納得のいく説明だったにちがいありません。

第二次世界大戦の末期（１９４４年）、「日本人の精神構造」を解明するための会議がニューヨークで開催されました。この会議には、社会学者のタルコット・パーソンズ、歴史学者のフランク・タンネンバウム、人類学者のマーガレット・ミードといった、当時のアメリカを代表する社会科学者40名以上が集まりました。彼らは次の点で意見が一致していたといいます。[72]「日本人は、集団に順応していないと安心感を得られないが、この点で、アメリカの未熟な少年、特に不良少年とよく似ている。」

この時期、「集団主義的な日本人」というイメージは、アメリカの学者たちのあいだでは、既に支配的になっていたことが分かります。

『菊と刀』

アメリカ人がもっていたこのイメージは、アメリカの文化人類学者ルース・ベネディクトの著書『菊と刀』[59]によって、日本人のあいだでも一気に広まりました。『菊と刀』は、日本文化の「本質」を捉えたと評された本で、戦後まもなく出版され、すぐに日本語にも翻訳されました。

アメリカでは、第二次世界大戦中、数多くの学者が動員されて、戦争に協力しました。人類学者のベネディクトは、戦時情報局の一員として、敵国や、敵国に占領された国々の研究に携わりました。タイとルーマニアの研究からはじまって、フィンランドやノルウェーについてもレポートを書いています。最後の任務が日本についての研究でした。

人類学者は、普通は、現地に住み込んで研究をします。「フィールドワーク」です。しかし、研究対象が敵国では、現地調査をするわけにはいきません。ベネディクトは、文献調査と、相手国からアメリカに来ていた人びととの面接によって、研究をおこないました。日本についての研究も同様でした。

ベネディクトは、研究のレポートをアメリカ政府に提出しましたが[18]、日本については、それとは別に、研究成果を詳しく記した著書を出版しました。それが『菊と刀—日本文化の型』[(59)]です。

この本が描きだしているのは、「集団主義的な日本人」の姿です。その点では、当時、アメリカの知識人が抱いていた「日本人」のイメージをそのまま踏襲しています。日本語も知らず、日本に来ることもなく、わずか1年でおこなった研究ですから、ある意味では、当然のことかもしれません。

この本は、日本の占領にかかわったアメリカ人のあいだで高く評価されたと言われています[23]。もともと抱いていた日本人のイメージとマッチする上に、数々の具体的な事例で彩《いろど》られていたので、アメリカ人の読者は、「これこそ、日本人の真の姿だ」と感じたのでしょう。

この本の新機軸は、「恥の文化」論です。「西洋人の行動原理は、神が定めた〝罪〟を犯さないようにすることだが、日本人の行動原理は、〝恥〟をかかないようにすることだ」という議論です。「日本人は、周囲の人たちの目を気にして、恥ずかしくないように行動する」というのですから、「集団主義的な日本人」というイメージにぴったりです。日本人の行動がどのようにして「集団主義的」になるのか、その文化的なしくみを説明した議論だと考えることもできるでしょう。

じっさいには、アメリカ人も「恥」という言葉はよく使います。たとえば、学校で銃の乱射事件が起こったあと、銃規制に反対している全米ライフル協会（NRA）を批判するデモがおこなわれましたが、そこでは、「NRAよ恥を知れ」（Shame on NRA）というプラカードが掲げられていました。

しかし、ベネディクトは、「恥」という言葉が使われる頻度を調べて、日米比較をしたわけではありません。大方の日本人論と同じく、きちんとした比較をすることなしに、ひたすら「日本人の特質」を論じたのです。

「集団主義」という言葉

『菊と刀』には、「集団主義」という言葉は出てきません。じつは、この言葉は、比較的新しい言葉なのです。

「個人主義」という言葉は、19世紀から使われていました。この言葉が最初に登場したのは、1820年の文献だと言われています。(146) しかし、その反意語として「集団主義」という言葉が定着したのは、どうやら冷戦中のことらしいのです。

英語では、「集団主義」を表す言葉として、今よく使われているのは、「コレクティヴィズム」(collectivism) という言葉です。この言葉は、もとは「集産主義」を指していました。「集産主義」というのは、ソヴィエト連邦のように、生産と流通を中央権力が統制する経済体制です。アメリカ人は、共産主義と対峙しているうちに、ソヴィエト連邦のような中央集権的な政治体制にもこの言葉をあてるようになり、言葉の意味が広がっていったのでしょう。

アメリカの著名な社会学者デイヴィド・リースマンは、1954年の著書『個人主義の再検討[195]』のなかで共産陣営の集団主義を批判していますが、この本では「グループ主義」(groupism)という言葉を使っていて、邦訳ではこれが「集団主義」と訳されています。この「グループ主義」という英語は、分野によっては、今でも使われています。

そういう事情で、1946年に出版された『菊と刀』には「集団主義」という言葉は出てきません。それでも、この本が「集団主義的な日本人」というイメージを振り撒《ま》いていることは、見紛いようがありません。

日本人の反応

日本人は、『菊と刀』をどう受けとめたのでしょうか?

この本の邦訳が出版された直後(1949年)、『季刊民族學研究』という雑誌が、「ルース・ベネディクト『菊と刀』の与えるもの」という特集を組み、日本の著名な学者5名による書評を掲載しました。この本を高く評価した法学者もいましたが、論調は総じて批判的でした。

とりわけ哲学者の和辻哲郎は、「学問的価値があるとは言いがたい」と真っ向から批判しています[241]。

民俗学者の柳田國男も批判的で、「恥の文化」論については、「私ほど年とった者の普通の見聞でも、日本人の大多数の者ほど〝罪〟という言葉を朝夕口にしていた民族は、西洋の基督教国にも少なかったろう」（２９０頁：現代語表記に改めてあります）と書き、「ツミ作り」とか「ツミなことをする」とかいった言いまわしをあげています[252]。

しかし、大多数の日本人は、こういった議論に接することはなく、『菊と刀』を読んだ人たちも、孫引きや耳学問でその内容を知った人たちも、たいがいはベネディクトの日本人観を受けいれ、それが日本人論の隆盛につながっていきました。

『内なる外国——「菊と刀」再考[147]』という本のなかで、著者のダグラス・ラミスは、『菊と刀』を批判的に見るようになる前、この本を最初に読んだときの感想をこう記しています。「アメリカ人にとってはこれは実に気分のよい本で、したがって読んでいて楽しい」（90頁）、「自分がアメリカ人でよかったと私を大喜びさせることができた」（93頁）。

一方、ラミスは、「多くの日本人に不愉快な思いを抱かせるか、あるいは彼らの怒りを買いやすい」（90頁）とも記しています。そうであっても不思議はないのですが、じっさいには、大多数の日本人は、怒るどころか、『菊と刀』を「名著」として受けいれてきました。なぜでしょうか？

日本人の心境

この時期、日本はアメリカの占領下にありました。アメリカがすべての権威と権力の源でした。しかも、すこし前までは、アメリカ軍の爆撃機から降ってくる焼夷弾の下で、日本人は、なすすべもなく逃げまどっていたのです。アメリカの圧倒的な優位は明白でした。

もともと、明治維新以来、日本人は西洋にたいする拭いがたい劣等感を抱くようになっていましたが、それを覆《くつがえ》そうとした日本政府の戦時宣伝は、焦土を目の前にして、完全に説得力を失っていました。中東のイスラム教諸国とはちがって、西洋に対抗する強力なイデオロギーをもっていたわけでもありませんでした。

アメリカの占領当局は、検閲によって日本の言論を統制し、ラジオ番組への関与など、さまざまな方法によって、日本人がアメリカにとって望ましい価値観を持つように工作しました。[28] しかし、それ以前に、日本人自身が、「アメリカを見習わなければ、未来はない」という思いにとらわれていたことも確かでしょう。

そうした精神状態の日本人にとって、「アメリカの学者」であるベネディクトは「雲の上の存在」であり、その言葉は「天の声」に聞こえたにちがいありません。戦時中なら、「不愉快な思いを抱かせる」ことになったかもしれませんが、戦後のこの時期には、『菊と刀』を読んだ日本人にとっても、その内容を伝え聞いた日本人にとっても、この本は「反省」のよすがと受けとめられたのではないでしょうか。『季刊民俗學研究』に掲載された書評のなかにも、そうした心境を窺わせる言葉が散見されます。

これが、『菊と刀』が多くの日本人に受け容れられた理由のひとつでしょう。

戦時の集団主義

もうひとつの理由は、戦後のこの時期、「日本人は集団主義的だ」というメッセージが、強い説得力をもっていたことです。

なんといっても、ついこのあいだまでは、日本人は「挙国一致」「進め一億火の玉だ」といったスローガンのもと、国民が一丸となって戦争を遂行していたのです。「日本人は集団主義的だ」という話を聞いた日本人はみな、戦争中のことを思い出したにちがいありません。そして、「なるほど、そのとおりだ」と深くうなずいたことでしょう。

こうして、日本人にとって、『菊と刀』は「名著」になったわけです。

では、戦時中の日本人の「集団主義的」な行動は、日本人が「集団主義的な精神文化」をもっていることを証明しているのでしょうか？

そう結論してしまうのは、早計です。

戦争ともなれば、団結して敵に立ち向かおうという気運が出てくることは当然の成りゆきです。「戦う人もいれば、逃げる人もいるし、敵に協力する人もいる」というようなことでは、とうてい戦争には勝てません。かならず「団結しよう」という気運が盛り上がります。それは、どこの国でも、どこの民族でも変わりません。

「世界でいちばん個人主義的だ」と言われてきたアメリカ人も、例外ではありません。

第二次世界大戦中、アメリカ政府は、12万人もの日系移民を強制収容所に監禁しました。[16] 日系移民が「獅子身中の虫」になることを恐れたためです。12万人のうち8万人は、アメリカ国籍をもった「アメリカ人」でした。アメリカ国内のみならず、アメリカが「裏庭」と見なしていた中南米諸国からも、2千人を超える日系移民をアメリカに連行し、強制収容所に送りこみました。[42,(181)]

これほど大規模ではありませんでしたが、やはり敵国だったドイツやイタリアからの移民の場合も、何千人もが逮捕、拘留されました。中南米にいたドイツ系移民やイタリア系移民が拘束されたことも、日系移民の場合と同様でした。

「国内の結束を固めるために、敵国からの移民を拘束する」という政策は、このときに始まったわけではありません。第一次世界大戦のときにも、アメリカ政府は、ドイツ系やオーストリア系の移民を何万人も逮捕し、そのうち2千人あまりを強制収容所に送り込みました。[(235)]

「赤狩り」

第二次世界大戦が終わってからの20年間、ソヴィエト連邦をはじめとする共産主義陣営と対峙していた時代には、アメリカは、国内の共産主義者をあぶり出そうと躍起になっていました。知識人のなかには、共産主義に共鳴する人が少なくなかったからです。アメリカ政府は、彼らが国の結束を乱すことを恐れて、その排除に全力をあげました。「赤狩り」です。

議会は、「非米活動委員会」を設置して、共産主義者の摘発に乗りだしました。その中心人物は、のちに大統領になったリチャード・ニクソンでした。1950年からの数年間は、上院議員ジョゼフ・マッカーシーによる告発の嵐が吹き荒れました。[82] 彼は、確たる証拠もなしに、次つぎに「政府内部の共産主義者」を告発しました。数多くの官僚や学者、芸術家が議会に召喚され、尋問を受けました。有罪にはならなくても、召喚されただけで、世間から白い目で見られるようになり、職場からは解雇され、再就職もできず、貧困のなかで家族が離散した人もいましたし、自殺に追いこまれた人もいました。[138]

ハリウッドでも、俳優や脚本家が次つぎに召喚され、仕事を失っていきました。[137] カリフォルニア州では、大学にＦＢＩ（連邦捜査局）の元職員や軍の情報部員が配置され、「共産主義者」の摘発を進めた結果、多数の教員が解雇されたり、辞職に追いこまれたりしました。[138] 日本でアメリカの占領軍が「自由と民主主義」を説いていたその時期、アメリカ本国では、こういう事態が進行していたのです。

同時多発テロ

しかし、「赤狩り」は、「たまたま起きてしまった、過ぎ去った歴史のひとコマ」ではありません。外敵の脅威に直面したときには、いつまた同じことが起きても不思議はないのです。

２００１年9月11日、イスラム教徒のテロリストが４機の旅客機をハイジャックして、アメリカ国防総省などを目標とした自爆テロを試みました。そのうち、ニューヨークの世界貿易センターに向かった旅客機は、狙いどおり2棟の超高層ビルに激突し、これらのビルは、周囲のビルも巻きこんで、跡形もなく崩壊しました。この「同時多発テロ」は、3千人もの死者を出しました。

　この「外敵の脅威」を受けて、アメリカ国民は結束しました。その年のはじめに就任したブッシュ大統領の支持率は50％ほどでしたが、この「同時多発テロ」の直後には、90％にまで跳ね上がりまし

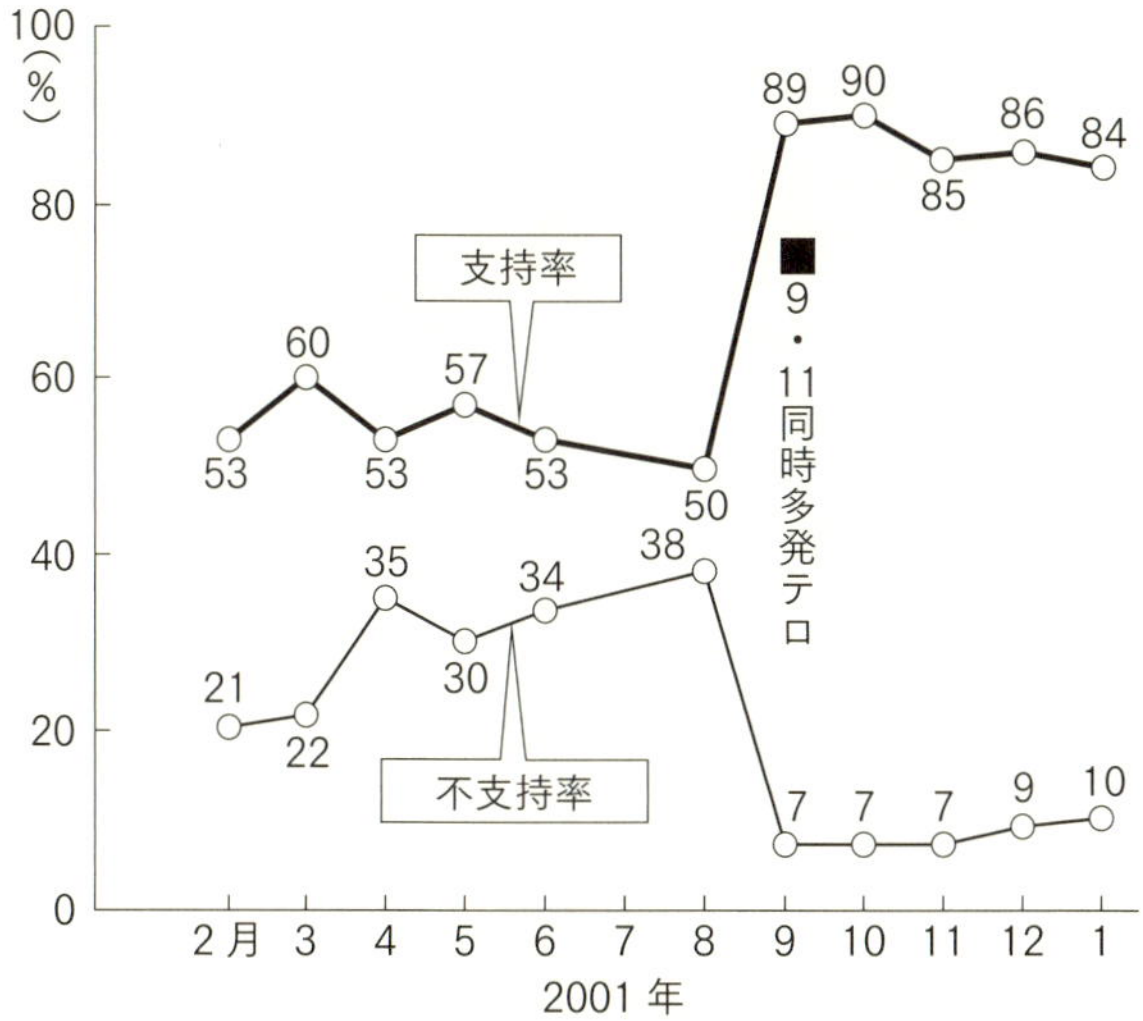

図17　ブッシュ大統領の支持率と不支持率（ニューヨーク・タイムズとCBSニュースの調査による）
出典：朝日新聞2002年1月20日付朝刊

た。40%近くあった不支持率は、10%足らずにまで低下しました（図17）。
「同時多発テロ」のあと、アメリカ政府は、「米国愛国者法」を議会に提出しました。この法律は、政府が令状なしで市民を拘束したり、電話を盗聴したり、インターネット通信を傍受したりすることを認めるものでした。アメリカが掲げてきた「自由と人権」を侵害する法案だったのです。にもかかわらず、議会はすみやかにこの法律を成立させました。議会も、大統領のもとに結束したのです。この法律によって、多数のイスラム系市民が逮捕され、国外に追放されました。
国民の大多数も結束しました。当時の世論調査では、「テロ攻撃から国を守るためには、個人の自由をいくらか手放さなければならない」という意見に、8割もの市民が賛成したのです。[8]
自分の手でイスラム系市民を排斥しようとしたアメリカ市民も少なくありませんでした。アメリカのイスラム関係評議会は、同時多発テロから4ヶ月のあいだに、「10人のイスラム教徒が殺され、284人が襲撃され、311人に脅迫状が届いた」と発表しました。[44]
「外敵の脅威にさらされると、団結を固めて対抗しようとする」というのは、どの人間集団にも見られる普遍的な行動パターンなのです。人類の歴史は、その実例に事欠きません。アメリカの歴史家ウィリアム・マクニールは、「明白な外部からの脅威こそは、個人という煉瓦で社会という建物を建てるための、人間の知る限り最も強力なセメントだった」（邦訳下巻330頁）と述べています。[63]

　第二次世界大戦中、日本人は誰の目にも明らかな集団主義的行動をとっていましたが、それは、戦争という状況によって、充分に説明のつく行動だったのです。にもかかわらず、日本人が示した団結は、なぜ「日本人の集団主義」の証拠に見えてしまったのでしょうか？

　そこには、根深い「思考のバイアス」が絡んでいます。「対応バイアス」です。

対応バイアス

　私たちは、他人の行動を見ると、ほとんど無意識のうちに「なぜ、そういう行動をとったのだろう？」と考えます。そのとき、外部の状況を考慮せずに、その人の内部にある特性が原因だと考えてしまう強い偏りがあります。これが「対応バイアス」です。

「内部にある特性」というのは、その人の性格や知能、意見などのことです。たとえば、電車のなかで老人に席を譲った若者を見ると、「親切な人だ」と思います。ほんとうは、一緒にいるガールフレンドに「いい人だ」と思われたくて、席を譲っただけなのかもしれません。しかし、ふつうは、そういう状況までは考えず、反射的に「親切な人だ」と思ってしまいます。親切な行動に「対応」する、「親切」という性格を自動的に推測してしまうのです。

この対応バイアスは、心理学では、数多くの実験によって、繰りかえし確認されてきました。

たとえば、アメリカでおこなわれた、こんな実験です。[47] 1960年代、キューバではフィデル・カストロが社会主義政権を樹立していました。アメリカはそのキューバを敵視していました。実験の被験者は、アメリカの大学生が書いたという試験答案を見せられました。試験の問題は、「カストロを擁護する、できるだけ説得力のある文章を書きなさい」というものでした。試験ですから、当然、答案は、カストロを力強く擁護する内容になります。

この答案を読んだ被験者は、答案を書いた大学生が、本心ではどれぐらいカストロを支持しているかを推測しました。すると、彼らは「この学生は、本心からカストロを支持している」と推測したのです。

答案を書いた大学生は、「試験で良い点をとるためには、カストロを擁護しなければならない」という状況に置かれていました。ですから、カストロを支持する答案を書くのは当然のことです。答案がカストロを支持しているからといって、それを書いた大学生が、本心からカストロを支持しているということにはなりません（しかも、当時、アメリカ人にとって、カストロは「敵」でした）。にもかかわらず、被験者は、このアメリカ人の大学生が「本心からカストロを支持している」と推測してしまったわけです。

このように、私たちは、その場の状況が人の行動におよぼす影響を過小評価する傾向が強いのです。その結果、行動の原因を「内部の特性」だと考えてしまいがちになります。いまの実験の場合は、「〝カストロを擁護する答案を書いた〟という行動の原因は、〝カストロを支持している〟という政治的な意見だ」と考えてしまったわけです。これが「対応バイアス」です。

対応バイアスは、非常に強固なバイアスだということが分かっています。「その人は状況に強く縛られていた」ということを明確にしても、対応バイアスはなかなか消えないのです。

日本人論の場合は、戦時中、日本人がとっていた集団主義的な行動を思い出したとき、「外敵の脅威に直面していた」という外部の状況を考慮に入れることなく、「集団主義的な精神文化」という内部要因が原因だと考えてしまったわけですから、まさしく、対応バイアスに影響されていたことになります。

情報バイアス

戦後すぐの時期、「日本人は集団主義的だ」という主張に、なぜ強い説得力があったのかを理解するためには、情報の偏りも考慮に入れる必要があります。

戦争中、アメリカ人の目には、日本人はどう映っていたでしょうか？

アメリカ人には、日本人が一丸となって戦っている姿しか見えませんでした。一人ひとりの日本人がどう行動していたのか、何を感じ、何を考えていたのかまでは、知りようがなかったのです。アメリカの軍艦に特攻機が突っこんでくるニュース映像を見れば、日本人は、それこそ「巣箱の防衛のために集団で活動し、騒ぎ立て、戦う、ひと箱のミツバチ」[22]にしか見えなかったことでしょう。「日本人は集団主義的だ」という主張に疑いを抱く余地はなかったわけです。

一方、日本人自身も、じつは似たような立場に置かれていました。「天皇のもとで団結し、身命を賭して戦争に協力する」という日本人の姿ばかりが報道されていたからです。今でも私たちは、戦時中の日本人について、「一丸となって戦争を遂行していた」というイメージを抱いています。けれども、現実には、「一丸」とならず、利己的な行動に走っていた日本人は少なくなかったのです。

宮崎駿《はやお》といえば、世界にその名を知られたアニメーターですが、新聞のコラム[46]にこんなことを書いていました――彼の父親は、日中戦争の時期、軍隊にいました。所属する部隊が大陸に送られることになって、上官から「行きたくない奴は申し出ろ」と言われたとき、「妻と赤ん坊がいるので、戦地に行くわけにはいかない」と申し出たところ、何とそれが通ってしまい、内地に残ることができたというのです。さらに、アメリカとの戦争が始まってからは、「宮崎飛行機」の工場長として、軍用機の部品をつくっていたのですが、未熟練工をかき集めて大量生産をした結果、不良品がたくさん出たにもかかわらず、「関係者に金を掴ませれば通った」というのです。

驚くべき話ですが、治安当局の資料を調べた研究は、似たような話がいくらでも見つかることを明らかにしています[126]。

戦時中の日本人

戦時中は、多数の労働者が軍需産業に徴用されましたが、「病気」と嘘をついて、指定された職場には行かず、賃金の高い職場を渡り歩く労働者が少なくなかったというのです。横浜だけでも、そういう労働者が3千人を超えて、そのうち5百人が検挙されたといいます。たいへんな数です。

そんな情勢ですから、軍艦の建造にあたっていた三菱重工業の神戸造船所では、欠勤率が30％、川崎重工業では63％にものぼりました。

戦争遂行のために団結しているはずなのに、じっさいには労働争議も頻発していました。戦局が悪化し、国民の結束が何よりも求められるようになった昭和19年になっても、『特高月報』（特別高等警察の内部資料）には、「労働争議には減少の兆しがない」と記されています。それどころか、労働者が生産設備を破壊したり、工場の宿舎に放火したり、電車を転覆させたりする事件まで起こっていたというのです。

日本国民は、「現人神《あらひとがみ》」として天皇を崇拝していたということになっていますが、それも、どこまでが本音だったのか分かりません。

中国大陸で従軍していた兵士は、自分だけでなく、弟まで徴兵されたことを知って、実家に送った手紙に、「兄弟二人が軍隊とは、天皇陛下の大馬鹿野郎」と書き、不敬罪で検挙されました。次男が戦死したことを知った人が、「子どもを失ったのは天皇陛下のせいだ」と言って、天皇の「御肖像」を取り外して足蹴《あしげ》にした、という報告もあります。警察に寄せられた投書には、「三代四代とつづいた商売も、こんどの戦争でふいになりました。天皇なんか殺せ」と書いてあったそうです。

もちろん、戦時の検閲下では、こうした事実が広く報道されることはなく、日本人のあいだでも、「戦争中、日本人は、天皇に命を捧げる覚悟で、固く結束していた」というイメージが定着してしまいました。これが、戦後になって、「日本人は集団主義的だ」という主張を受けいれる下地になったのです。

通説の成立

「日本人は集団主義的だ」という日本人論の通説はどのように成立したのか、その筋道が分かってきました。

この説は、もとはといえば、明治時代に日本を訪れたアメリカ人ローウェルの皮相な観察に端を発しています。ローウェルは、個性を誇りとするアメリカ人の価値観を背景に、「アメリカ人とは万事逆さまの日本人には個性がないはずだ」という先入観を抱き、著書の中で、その先入観に即した日本人像を描きだしました。同じ個人主義的な価値観をもつアメリカ人たちには、ローウェルの日本人像は抵抗なく受けいれられました。

「日本人は共同体を優先する」というローウェルの記述は、「日本人は、共同体のために自分を犠牲にする」という見方につながっていきました。この見方は、「アジア・アフリカ諸国のなかで、なぜ日本だけが近代化に成功したのか？」という疑問にうまく答えてくれるように見えたので、アメリカでは多くの知識人に受けいれられることになりました。

第二次世界大戦の直後、この見方にもとづいて日本人を事細かに描写した『菊と刀』が出版されました。戦争中に日本人が見せた挙国一致の姿が記憶に鮮明だったこの時期、この本が描きだした「集団主義的な日本人」というイメージは、アメリカ人のみならず、日本人自身にとっても、強い説得力をもっていました。戦争中、日本人が結束して行動したことは、「外敵の脅威に直面すると団結する」という、人間集団に普遍的な傾向の一例にすぎなかったのですが、対応バイアスという強力な思考のバイアスのせいで、「戦時」という状況は等閑視され、「日本人は集団主義的な精神文化をもっている」という見方が広まることになりました。

こうして成立した通説を幹として、そこからは、「恥の文化」論、「日本的経営」論、「タテ社会」論、「甘え」論、「間人」論、自己観理論といった枝が広がり、さまざまな言説の葉が生い茂って、誰の目にも大樹の威容を見せるようになっていったのです。

第7章

なぜ通説は揺るがないのか？

「日本人は集団主義的だ」という通説は、誰もが信じるようになりました。そうなると、「誰もが信じている」というそのこと自体が、通説を守る働きをするようになります。たとえば、心理学の研究で、通説とは合わない結果が出たとしても、「経済学でも、人類学でも、社会学でも、通説は支持されているのだから、やはり、ほんとうは通説は正しいのではないだろうか」と思ってしまうのです。

では、誰もが通説を信じているということは、通説が正しいことの証《あかし》だと言えるのでしょうか?

日本人論批判

「日本人は集団主義的だ」という見方は、いまでは「常識」になっていますが、これまで、まったく異論が出なかったわけではありません。

1980年代、日系アメリカ人の人類学者ハルミ・ベフ（別府春美）[56]、社会学者の杉本良夫とロス・マオア[212]は、日本人論批判を展開して注目を集めました。彼らは、とりわけ、「日本は、集団主義的な〝和の社会〟だ」という議論に批判の矛先を向けました。

彼らは、この議論と矛盾するデータが少なくないことを示しました。たとえば、江戸時代から明治時代にかけて、日本では数多くの農民一揆が起きていました。[54] 労働争議が多いことで知られたオーストラリアと比べても、労働争議の数は、戦前も戦後も、日本のほうがまさっていました。1950年代には、激しい抗議行動で知られたフランスと比べても、負傷者や器物破壊をともなうデモは、日本のほうが多かったのです。[212]

第2章でも紹介しましたが、杉本とマオアは、日本人論がもっぱら事例に頼っていて、学問的な根拠を欠いていることも指摘しました。事例を好き勝手に選んでよいのなら、日本人論とは正反対の主張も「証明できる」ことを示すために、日本人のほうが欧米人より個人主義的にみえる事例を並べてみせました。たとえば、「欧米で生まれたスポーツは、野球、サッカーなど集団競技が多いのに、日本で生まれたスポーツは、柔道、剣道、相撲など個人競技ばかりだ」といった事例です。

彼らの批判は、一時期、マスメディアでも取り上げられて話題になりました。いまのスポーツの例なども、人びとの記憶には残ったようです。しかし、彼らの批判は通説を覆すには至らず、やがて、「日本人は集団主義的だ」という言説の洪水に呑みこまれてしまいました。

『菊と刀──日本文化の型』[59]についても、前の章で紹介したラミスの『内なる外国──「菊と刀」再考[147]』のような批判がありました。「恥の文化」論についても、長野晃子『「恥の文化」という神話[66]』など、幾多の批判があります。

ベネディクトの時代には、「どの文化にも固有の本質的な特徴がある」という考えかたは珍しくありませんでしたが、その後、こうした考えかたは「本質主義」として批判され、現在では、「文化の型」というような単純な議論をする人類学者はいなくなっています。にもかかわらず、日本では、『菊と刀』は、今でも「名著」と称賛され、売れつづけているのです。

辻褄《つじつま》を合わせる

日本人論では、「日本人には個性がない」ということになっていますが、この議論、読者の実感には合うでしょうか？

まわりの日本人を見わたしてみましょう。「自己チュー」や「へそ曲がり」、「目立ちたがり屋」はいないでしょうか？　「気配りの人」や「瞬間湯沸かし器」、「一言居士《いちげんこじ》」はいないでしょうか？

しかし、「日本人には個性がない」という抽象論を耳にすると、そういう日本人たちを思い出すかわりに、「個性的な欧米人」という抽象的なイメージが頭に浮かんできて、つい「そのとおりなのだろう」とうなずいてしまいます。

第3章では、イメージではなく、現実の日本人とアメリカ人を比較した実証的研究を調べてみました。多数の研究結果を通覧したところ、日本人とアメリカ人とのあいだには、言われてきたような違いはないことが分かりました。

じつは、それらの研究の大部分は、「日本人は集団主義的だ」という通説を信奉する研究者たちがおこなったものだったのです。彼らは、自分の信念を裏切るデータを手にしたわけです。ところが、論文のなかでは、多くの研究者が自分のデータを無視して、通説に添った議論を展開していました。

おそらく、「何かのはずみで、変なデータが出てしまった」と思ったのでしょう。現実問題として、「何かのはずみで、変なデータが出る」ということは、ないわけではありません。

「理科の授業で、教科書に載っている有名な法則を確かめる実験をしてみたら、その法則に反する測定結果が出てしまった」という経験はないでしょうか？　こういうとき、「教科書に載っている法則は間違っている」と言い張るのは、あまり賢明なことではありません。「測定のやりかたがまずかったのだろう」と考えておいたほうが無難です。

ですから、自分のデータを信用しない研究者がいたとしても、不思議ではないわけです。個性的な日本人に接した自分自身の経験についても、真面目に取り合わずにすませることは、べつに難しくありません。「この人は例外だろう」と考えることもできるでしょう。「欧米人は、もっと個性的なのだろう」と考えることもできるでしょう。「日本人には個性がない」という一般論と辻褄《つじつま》を合わせることは、たやすいことなのです。

「みんながそう言っている」

こういう考えかたの背後にあるのは、「みんなが言っているのだから、確かだろう」という思い込みです。この思い込み、「つねに間違いだ」というわけではありません。「みんながそう言っている」ことは、多くの人びとの経験に裏づけられていて、ほんとうに正しいという場合も少なくないからです。

しかし、間違っている場合もあります。

たとえば、天動説。中世のヨーロッパでは、「太陽も月も星々も、みな地球のまわりを回っている」というのは、まさに「みんなが言っている」ことでした。空を見上げれば、太陽も月も星々も、みな東からのぼって西に沈みます。天動説は、実体験にマッチする説でもあったのです。知識人にとっては、アリストテレスやプトレマイオスといった古代の「偉い学者」が言っていることでしたし、庶民にとっては、教会で「神父様」がおっしゃっていることでした。けれども、天動説は間違っていました。

「みんながそう言っている」ということは、それが正しいことを保証しているわけではないのです。

だとしても、「みんながそう言っている」ことの威力は絶大です。「みんながそう言っている」と、どうしても「正しいにちがいない」という感じがしてしまうのです。

「日本人は集団主義的だ」という通説の場合も、「みんなが信じている」通説が間違っていると考えることには、抵抗があります。そのため、自分の研究から通説に反したデータが出てきたときには、「研究の方法がまずかったのではないか」とか、「例外的に個人主義的な日本人ばかりを被検者にしてしまったのではないか」とか、考えてしまうことになりがちなのです。

「日本人は、ほんとうは集団主義的ではないのだが、日本の社会システムが集団主義的なので、それに合わせて、集団主義的に振る舞っているだけなのだ」という理屈を考えだした研究者もいました。[106] しかし、そうすると、「なぜ日本の社会システムは集団主義的なのか?」という疑問が残ることになります。通説の支持者なら、「日本人が集団主義的な文化をもっているからだ」と答えるでしょう。これでは、結局、元の木阿弥です。

では、間違った説なのに、「みんながそう言っている」ことになってしまうのは何故《なぜ》なのでしょうか?

「誰もが目にしていることが間違いを信じさせてしまう」という場合もあるでしょう。天動説の場合がそうです。「太陽も月も星々も、みな東からのぼって西に沈む」という現象は、毎日、誰もが目にしています。ですから、アリストテレスやプトレマイオスも含めて、誰もが天動説を信じるようになっても不思議ではありません。

しかし、こういうケースは、あまり多くはありません。思考のバイアスが誤りをもたらす場合のほうが多いのです。

先入観

第3章では、同調行動の実験を紹介しましたが、あの実験を考案した心理学者ソロモン・アッシュは、こんな実験もおこなっています。[15]

ある人物について、その人柄を表す言葉を6つ読み上げ、被験者には、どんな人物なのか、思い描いてもらいます。被験者は、思い描いた人物像を文章に綴ります。

グループAの被験者たちは、「知的な、勤勉な、衝動的な、批判的な、頑固な、嫉妬深い」という言葉を、この順序で聞かされます。グループBの被験者たちは、同じ6つの言葉を、逆の順序で聞かされます。「嫉妬深い、頑固な、批判的な、衝動的な、勤勉な、知的な」という順序になります。

グループAの被験者たちは、「知的な、勤勉な」という良い印象を与える言葉を先に聞くのですが、グループBの被験者たちは、「嫉妬深い、頑固な」という悪い印象を与える言葉を先に聞くわけです。

被験者が綴った文章を見ると、グループAの被験者の大多数は、この人物について、「有能な人で、欠点はあるものの、それが長所を台無しにするほどではない」と考えたことが分かりました。一方、グループBの被験者の大多数は、「困った人で、能力を充分に発揮することができない」と考えたことが分かりました。

まったく同じ6つの形容詞を聞いたにもかかわらず、良い形容詞を先に聞くと、良い人物に感じられ、悪い形容詞を先に聞くと、悪い人物に感じられてしまうわけです。この実験に触発された数多くの研究から、「第一印象が大切だ」ということが分かってきて、世間にも広く知られるようになりました。

どうやら、私たちは、「最初にできた理解の枠組みに合わせて、あとから入ってきた情報を解釈する」という傾向をもっているようです。私たちは先入観に影響されやすいのです。

先入観の威力

先入観が私たちの判断を大きく左右することは、もっと現実的な場面でも確かめられています。

ある研究では、[80] 8名の市民が、それぞれ別々の精神病院を受診しました。心理学者、精神科医、小児科医、画家といった人たちで、いずれも、健常な人たちでした。ただし、「幻聴が聞こえる」と嘘を言って、精神病院を受診したのです。

彼らは「統合失調症」という診断を受けて、入院することになりました。幻聴は統合失調症の典型的な症状です。

しかし、病棟に収容されてからは、「幻聴が聞こえる」と言うのはやめて、日常生活でも、ごく普通に振る舞いました。しかし、すぐに退院することはできませんでした。精神科の病棟は居心地が悪くて、みな「すぐに退院したい」と思ったのですが、入院は平均して19日間つづきました。長い人は、52日間も病棟に閉じ込められていました。

彼らは、本名と職業は偽っていましたが、個人生活については、医師との面接で、ありのままを話しました。ところが、医師の記録には、「異常さ」を示す所見が記されていたのです。

たとえば、「妻や子どもたちとは仲良くやっていて、怒ることもあるけれども、喧嘩は稀で、子どもたちを叩いたりすることも滅多にない」と話した人がいました。よくある普通の家族生活です。ところが、医師の記録には、「感情が安定せず、怒りを爆発させて、子どもたちを叩いたりする」と書かれていました。「この人は精神病にかかっている」という先入観が、医師の所見を大きく歪《ゆが》めてしまったわけです。

この実験とは反対に、精神病院に「これからニセ患者を送り込む」と予告した実験もおこなわれました[80]。その実験では、精神科の治療を受けた１９３名の受診者のうち23名が、少なくとも一人の精神科医によって「ニセ患者らしい」と判断されました。じっさいには、ニセ患者は一人も送り込まれなかったにもかかわらず、です。

先入観の持続

いろいろな研究から、いったん植えつけられた先入観は、なかなか消えないことが明らかになっています。先入観のもとになった情報が間違いだったということが分かっても、先入観は消えないのです。

ある実験[1]では、被験者は、「危険をおかす大胆さ」と「消防士として成功するかどうか」との関係を表すデータを見せられ、どういう関係があるかをデータから読みとって、それを報告しました。グループAの被験者たちは、「大胆な消防士ほど成功する」というデータを見せられ、グループBの被験者たちは、「慎重な消防士ほど成功する」というデータを見せられました。

データから読みとった関係を報告したあとで、被験者は、「いま見せたデータは架空のデータで、ほんとうはどういう関係があるのか、私（実験者）にも分かりません」と明かされました。その上で、「あなた自身は、じっさいにはどういう関係があると思いますか？」と尋ねられました。

「大胆な消防士ほど成功する」というデータを見せられたグループAの被験者は、「大胆なほうが成功する」と答えました。一方、「慎重な消防士ほど成功する」というデータを見せられたグループBの被験者は、「慎重なほうが成功する」と答えたのです。

すなわち、「自分自身の考え」は、最初に植えつけられた先入観に影響されていたわけです。その先入観のもとになった情報が真実ではないということが分かったのに、先入観の影響を克服することはできなかったのです。

確証バイアス

先入観がなかなか消えないのは、なぜなのでしょうか？　そこには、心理的な要因が絡んでいます。前著『「集団主義」という錯覚』では、先入観を維持する思考のバイアスをいくつか紹介しました。そのなかでも、いちばん大きな役割を果たしているのは、第2章ですこし触れた「確証バイアス」でしょう。

「確証バイアス」（confirmation bias）は、仮説検証についての心理学実験で発見された思考のバイアスです[102]（最初は、「立証バイアス verification bias」とも呼ばれていました[21]）。特定の仮説が頭にあると、証拠を調べようとするとき、「その仮説に合った証拠ばかりに目が奪われてしまう」というバイアスです。

前著『「集団主義」という錯覚』では、社会心理学の実験を例にとって、確証バイアスの説明をしましたが、今回は、確証バイアス発見の端緒《たんしょ》になった認知心理学の実験を紹介しましょう。「2-4-6問題」という実験[101]です。

被験者はこういう課題を与えられます。「〝2-4-6〟という3つの数字は、ある規則に従ってつくられています。その規則を見つけてください。」

被験者は、まず規則を推測します。たとえば、「順番に並んだ偶数」というような規則を考えるわけです。

推測した規則にもとづいて、3つの数字をつくり、それを実験者に告げます。たとえば、「10-12-14」というように。その3つの数字が規則に合っていれば、実験者は「イエス」と答え、合っていなければ「ノー」と答えます。「10-12-14」は「イエス」です。被験者は、自分が推測した規則が正しい規則だと確信したら、その規則を実験者に告げます。

「バカみたいに簡単な問題なので、すぐに解けるだろう」と思いきや、これがなかなか解けないのです。被験者は大学生でしたが、45分かかっても正解に辿り着けない被験者もいました。[103]

仮説の検証

たいがいの被験者は、なにか仮説を思いつくと、それに合った数字列をつくります。たとえば、「順番に並んだ偶数」という仮説を思いつくと、「10-12-14」というような数列をつくるわけです。「イエス」という答をもらうと、「6-8-10」とか「20-22-24」とか、同じ仮説にもとづいた数列をいくつかつくります。みな「イエス」なので、自信をもって「順番に並んだ偶数」と答えます。ところが、実験者には、「違います」と言われてしまいます。「偶数でなくてもいいのかもしれない」と思い直して、「2ずつ増えていく数」という仮説に改め、「1-3-5」と言ってみます。答は「イエス」です。「15-17-19」も「イエス」、「353-355-357」も「イエス」なので、「2ずつ増えていく数」と答えます。ところが、また「違います」と言われます。

こんなふうにして、いろいろな仮説を試していくわけです。被験者によっては、「はじめの2つの数の差を、2つ目の数に足す」というような仮説を考えだす人もいます。しかし、この仮説も、「違います」と言われてしまいます。

じつは、正しい規則は、まことに単純で、「順に大きくなっていく3つの数」というだけだったのです。ですから、「10-12-14」や「15-17-19」はもとより、「1-2-3」でも、「1-1000-1001」でも、みな「イエス」なのです。

仮説に合う事例に偏りがち

では、これほど単純な規則なのに、なぜ見つけるのが難しかったのでしょうか？

理由は、被験者が自分の仮説に合った数列ばかりつくりたがったことでした。たとえば、「順番に並んだ偶数」という仮説を考えた被験者は、「10-12-14」というような数列をつくります。ところが、この仮説に合う数列は、どれも「順に大きくなっていく3つの数」という正しい規則にも合うので、かならず「イエス」という答が返ってきます。すると、被験者は、「順番に並んだ偶数」という自分の仮説が正しいと思いこんでしまいます。しかし、この仮説は正しくないのです。

自分の仮説に合わない数列をつくってみると、もっと効率的に仮説を絞りこむことができます。たとえば、「1-2-3」という数列をつくってみると、これも「イエス」なので、偶数である必要もないし、差が2である必要もないということが分かります。「6-4-2」という数列をつくってみると、「ノー」という答が返ってくるので、「順に大きくなっていく必要がありそうだ」ということが分かります。

仮説に合わない数列をつくったほうが効率的か、それとも、仮説に合う数列をつくったほうが効率的かは、正しい規則がどういう規則かによるので、一概には言えません。しかし、この実験から確実に言えることは、「人は自分の仮説に合った事例ばかりに注目する傾向がある」ということです。これが「確証バイアス」です。

心理学では、確証バイアスは、さまざまな実験で、繰りかえし確認されてきました。対応バイアスと同様、克服することが難しい、非常に根深いバイアスだということも分かっています。

日本人論における確証バイアス

この確証バイアス、日本人論とはどう関係してくるのでしょうか？

図18をご覧ください。この図では、左側の長方形は日本人の行動すべてを、右側の長方形はアメリカ人の行動すべてを表しています。どちらでも、集団主義的な行動と個人主義的な行動は、同じ割合になっています。つまり、「日米間に差はない」と仮定していることになります。

しかし、日本人論に親しんだ人は、「日本人は集団主義的だ」という先入観をもっているので、これが「仮説」の役割をすることになります。日本人の行動を見るとき、確証バイアスがはたらくと、この仮説に合った事例、つまり、日本人の集団主義的な行動ばかりが目につくことになります。一方、アメリカ人の行動を見るときには、「アメリカ人は個人主義的だ」という先入観をもっているので、アメリカ人の個人主義的な行動ばかりが目につくことになります。

そうすると、日本人論の書物、アメリカ滞在記、新聞のコラムや雑誌の記事などでは、日本人については、集団主義的に振る舞うエピソードばかりが、アメリカ人については、個人主義的に振る舞うエピソードばかりが取り上げられることになります。その結果、そういう情報源に接した人は、「日本人は集団主義的だ」

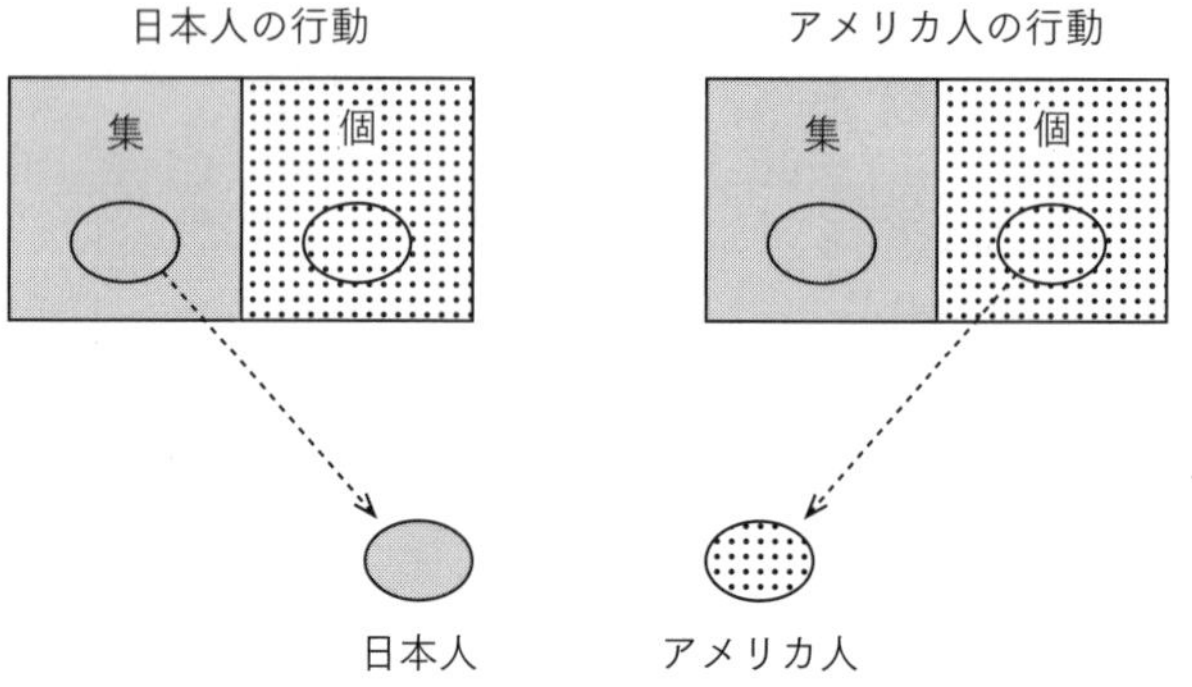

図18　確証バイアスの作用

という確信を深めるようになります。

こうして、ほんとうは日米間に違いはなくても、確証バイアスは、イメージの上では、はっきりとした「違い」を生み出してしまうのです。その結果、通説の信者はどんどん増えていくことになります。

前章で紹介した『季刊民族學研究』の書評で、『菊と刀』について、哲学者の和辻哲郎は、こんな批判をしています[241]。「われわれの側からは、そういう結論を不可能にするだけの同数の反対のデータを、容易に並べることができるでしょう。この著者［ベネディクト］は、そういう反対のデータを細心に探しまわるという努力をほとんどしていないように見えます」（23頁：現代語表記に改めてあります）。

これは、まさしく、「ベネディクトは確証バイアスに毒されている」という批判にほかなりません。

実感主義

いろいろな機会に、いろいろな人の話を聞いているうちに分かってきたことなのですが、実証的な研究に馴染みのない人は、「〝日本人は集団主義的だ〟という通説は、実証的な研究に支持されていない」という話を聞くと、とりあえず、実証的な研究は棚上げにして、通説が正しいのかどうか、自分で判断しようとします。「通説は間違っている」と自分で実感しないことには、納得がいかないらしいのです。

ところが、これをすると、確証バイアスの恰好《かっこう》の餌食《えじき》になってしまいます。

「そういう実証的な研究は、どうも信用できない」と感じる人は、もともと通説を信じている人ですから、確証バイアスに絡め取られて、通説を支持する証拠を探してしまうのです。第2章で述べたように、通説に反する事実は山ほどあるのですが、通説に合う事実も、山ほどあります。通説に合う事実を探しはじめれば、それを探し出すことは、難しくないのです。

さきほど述べたように、日本人論の本には、日本人が集団主義的に見える事例ばかり、たくさん載っています。通説を信じている人の記憶には、そういう事例がいくつか残っているかもしれません。日常生活のなかでも、通説を信じている人は、たとえば、厚底靴が大流行していたとき、「日本人は集団主義的だから、周囲の人たちに付和雷同しやすいのだろう」などと考えて、それが頭に残っているかもしれません。

通説に合う事例を記憶のなかで探してみると、そういった事例が頭に浮かんできます。

通説に合う事例がひとつでも見つかると、「やっぱり、日本人は集団主義的だ」という実感が湧いてきて、実証的な研究のことは、安心して忘れてしまいます。

こんなふうに、自分の実感に頼ろうとする人が多いことも、通説がなかなか揺るがない大きな理由でしょう。一方、研究者の場合には、別の理由もあります。

学界の力学

学問の世界では、圧倒的な支持を受けている通説があると、その通説を維持しようという特有の力学がはたらくのです。

研究成果を論文として発表するためには、学術雑誌に原稿を投稿しなければなりません。原稿は、その研究分野の専門家による審査を受けます。審査を通れば、論文は掲載されますが、審査を通らないと、掲載されず、原稿は「ボツ」（没）になります。

通説に反するデータを報告している原稿、あるいは、通説を批判している原稿はどうなるでしょうか？

通説が圧倒的な支持を受けている場合、「その研究分野の専門家」のほとんどは、通説の支持者です。そうすると、「専門家」のなかから選ばれた審査員は、たいがい、「全員が通説の支持者」ということになってしまいます。

通説を支持している審査員は、通説に反する研究を批判的に見ます。いろいろと「欠点」を指摘して、「却下」を提言します。審査員の過半数が「却下」を提言すれば、原稿は「ボツ」になります。

一方、通説に合った研究なら、審査員は好意的に見ます。あまり「欠点」をあげつらうこともなく、原稿は「採択」される可能性が高まります。「採択」されれば、学術雑誌に論文として掲載されます。

研究費を申請するときにも、同じことが起こります。研究費の申請書も、「その分野の専門家」によって審査されるからです。私はいろいろな研究テーマで国の研究助成を受けてきましたが、集団主義・個人主義の研究についてだけは、どうしても研究助成を受けることができませんでした。

こういう状況で何が起こるかというと、まず、「通説に反する論文は、滅多に掲載されない」ということになります。研究費を得るのが難しいと、研究そのものがなされないということにもなります。

研究者の「業績」は、たいがい、論文の数で評価されます。通説を支持している研究者は、研究費を獲得する可能性が高く、論文が掲載される可能性も高いので、「業績」がどんどん増えていきます。「業績」が増えれば、大学や研究所で良い研究職につくことができます。良い研究職についている研究者は、投稿された原稿や、研究費の申請書を審査してほしいと、依頼を受けることが多くなります。

こうした悪循環のなかで、通説は、ますます強化されていくことになるのです。

曙光《しょこう》の兆しも

通説が正しくないとしたら、これは絶望的な状況です。正直なところ、私自身、絶望的な気分になっていないわけではないのですが、といって、まったく希望がないわけでもありません。

「通説を支持して有名になった研究者が、多額の研究費を交付されて、大規模な国際比較研究をおこなったところ、その研究から、通説に反する結果が出てきた」というようなことが起こるからです。データが隠されてしまう場合もありますが、正直に報告される場合も少なくありません。そうすると、徐々にではありますが、通説にたいする疑念が広がっていくことになります。

私は共同研究者と協力して、およそ20年前（1997年[220]と1999年[221]）、集団主義について、日本人とアメリカ人を直接比較した実証的な研究を調べ、それらの研究が全体としては通説を支持していないことを発見しました。昨年（2018年）、その後の20年間に発表された論文を調べて、やはり通説は支持されていないことを確認し、そのことを論文[93]のなかで報告しました。

この論文をめぐって、国際的な学術雑誌で誌上討論をおこなうことになり、私たちの論文にたいして、4編の論評論文が寄せられました。[36, 61, 98, 100] それらの論評論文を読んで、私はびっくりしました。論評論文は4編とも、「通説は正しくない」という点にかぎっては、私と意見を同じくしていたのです。

執筆者の人選にもよるので、これが心理学者全体の意見を代表しているとはかぎりませんが、「岩山のようにびくともしない」と思っていた通説に、少しヒビが入ってきたことは、確かかもしれません。

通説の信憑性

「日本人は集団主義的だ」という通説には、批判もありました。通説に反する事例を見聞きすることもよくあります。しかし、通説は「誰もが信じている」ので、どうしても「通説には、それを支持する圧倒的な証拠があるのだろう」と勝手に思い込んでしまいます。ところが、じっさいには、「圧倒的な証拠」はないのです。心理学でも、経済学でも、言語学でも、実証的な研究の結果は、通説が事実にそぐわないことをはっきりと示しています。

通説を「誰もが信じている」ということは、通説が正しいことを保証しているわけではありません。「先入観のなせるわざ」として、充分に説明のつくことなのです。

前の章で見たように、そもそも、通説はローウェルというアメリカ人の先入観に端を発しています。この章で見てきたように、先入観の威力は絶大です。ローウェルの没個性論は、同じ先入観を共有するアメリカ人のあいだに広がり、日本人についての標準的な説明になっていきました。

いったん標準的な説明になってしまうと、「日本人は集団主義的だ」という見方は、それ自体が、多くの人びとにとって、先入観になります。この先入観は、確証バイアスによって、ますます強められていきます。やがて、「誰もがそう言っている」という状況が生まれ、それが威信になって、ただの偏見が揺るぎない通説としてまかり通ることになります。

　はじめは小石がひとつ転がりだしただけでも、状況に恵まれれば、周囲を巻きこんで、やがては、押しとどめようのない巨大な雪崩《なだれ》になってしまうのです。

第8章
文化ステレオタイプ

日本人論のあやまちについて、いろいろなことが分かってきました。「日本人は集団主義的だ」という主張が事実にそぐわないということだけではなく、その間違った主張がどのようにして生まれ、どのように広まってきたのか、なぜ信奉されつづけているのか、ということも分かってきました。

その知識を活かして、こんどは、さらに大きな問題に取り組んでみることにしましょう。「文化ステレオタイプ」です。次の章で明らかになるように、文化ステレオタイプは、きわめて危険な代物です。その文化ステレオタイプを理解する上で、日本人論について考えてきた経験が、大いに役立つのです。というのも、日本人論は、典型的な文化ステレオタイプだからです。

ステレオタイプ

日本人論では、こんなふうに言われてきました。「日本人は集団主義的、アメリカ人は個人主義的」、「日本は恥の文化、アメリカは罪の文化」、「日本はタテ社会、アメリカはヨコ社会」、等々。

こういう具合に対比されると、日本人とアメリカ人は、「別種の生き物」であるかのような気がしてきます。ところが、それぞれ、どれぐらい集団主義的なのか、事実をきちんと調べてみると、日本人とアメリカ人のあいだには、言われているような違いはないということが分かりました。「日本人は集団主義的、アメリカ人は個人主義的」というようなステレオタイプ的な見方は、現実を正しく反映してはいなかったのです。

「ステレオタイプ」という言葉は、ウォルター・リップマンというアメリカのジャーナリストが広めた用語です。リップマンは、20世紀の半ばに活躍し、「現代ジャーナリズムを創始した」とまで言われたほど大きな影響力をもっていた人物です。

ステレオタイプは、カテゴリーの一種です。その点では、「犬」や「猫」と変わりません。カテゴリーが「ステレオタイプ」と呼ばれるのは、たいがいは、次の2つの性質を兼ね備えているときです。第一に、型にはまった見方を強いること。第二に、価値判断を強いること。

典型的なステレオタイプは、公民権運動以前、アメリカの白人の多くがもっていた「黒人」というカテゴリーでしょう。「黒人」であれば、誰であれ、「怠け者」で「頭が悪い」と見られてしまいました。

「文化ステレオタイプ」は、文化の違いにもとづくステレオタイプです。「集団主義的な文化をもつ日本人」「個人主義的な文化をもつアメリカ人」というのは、まさしく典型的な文化ステレオタイプにほかなりません。

いわゆる「国民性」も、文化ステレオタイプの一種です。「イギリス人は紳士的」、「ドイツ人は規律正しい」といったイメージが流布していますが、イギリス人とドイツ人は、人種が違うわけではないので、こういった「国民性」は、人種ではなく、文化にもとづくステレオタイプということになります。

ステレオタイプが生み出す錯覚

ステレオタイプにとらわれていると、現実を大きく見誤ってしまうことになりがちです。これが、ステレオタイプが問題視される理由です。

「日本人は集団主義的、アメリカ人は個人主義的」と聞くと、図19（上）のような違いを漠然と思い浮かべてしまいます。「日本人は、いつも、とても集団主義的に振る舞い、アメリカ人は、いつも、とても個人主義的に振る舞う」というイメージです。これを「両極性の錯覚」と呼ぶことにしましょう。

また、個人差を忘れてしまうことになりがちです。「日本人は、みな同じように集団主義的、アメリカ人は、みな同じように個人主義的」というイメージです。これを「斉一性《せいいっせい》の錯覚」と呼ぶことにしましょう。

しかし、じっさいに集団主義・個人主義の程度を測定してみると、日本人の平均値とアメリカ人の平均値のあいだに「統計的に有意な差」（偶然に生じたとは考えにくい差）が観察された場合でも、データは、図19（下）のようになっていることが普通なのです（平均値の位置は、点線で示してあります）。平均値には違いがあったとしても、個人差が大きいので、データの分布は、大部分が重なってし

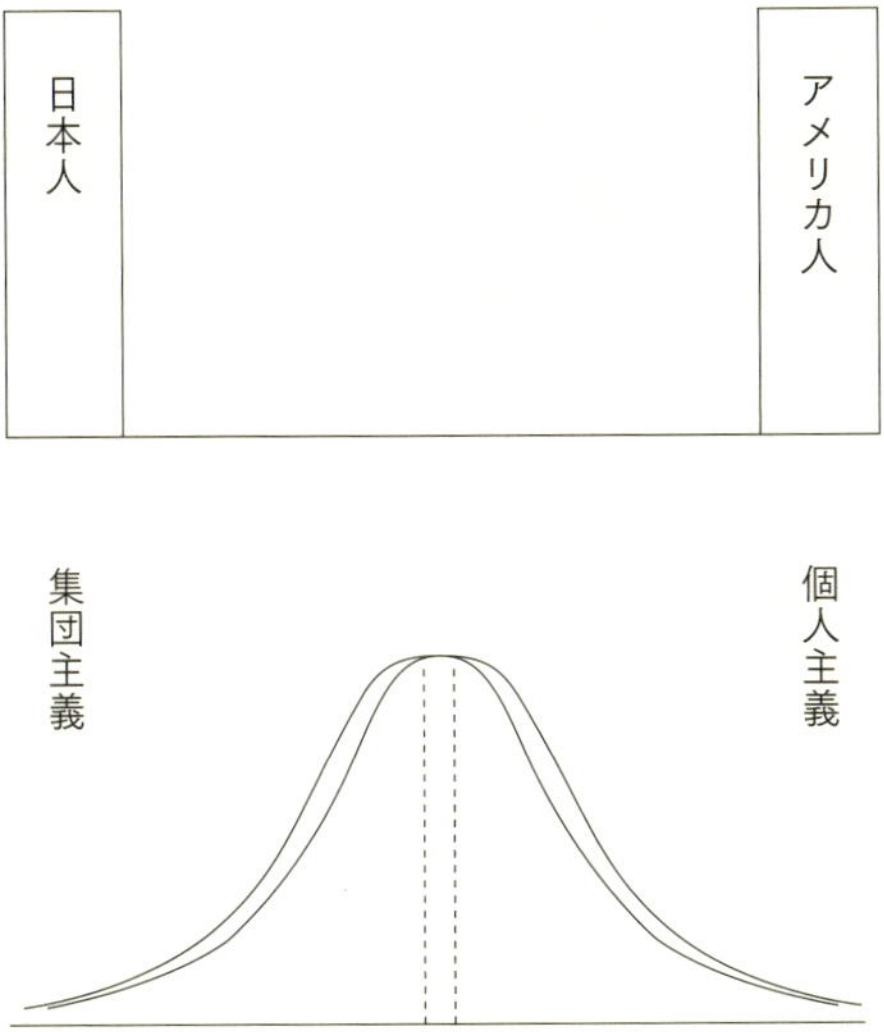

図19　ステレオタイプ的な文化差のイメージ（上）と実際の文化差（下）

まうのです。

この場合、「この人は日本人だから集団主義的だろう」とか、「この人はアメリカ人だから個人主義的だろう」とかいった推測はできません。なにしろ、半分近くの日本人は、アメリカ人の平均値より個人主義的なのですから（なお、第3章の図6・図7で見たとおり、これとは反対に、日本人の平均値がアメリカ人の平均値より個人主義的になるというデータも多いのです。それを忘れないようにしなければなりません）。

言語ラベル

こうした「両極性の錯覚」や「斉一性《せいいっせい》の錯覚」が生じる最大の理由は、ステレオタイプが言語で表現されることです。「日本人は集団主義的、アメリカ人は個人主義的」といった具合に。

言語は、もともと、物事をカテゴリーに分けて表現します。連続量もカテゴリーに分けます。「高い」「低い」といった具合に。

「高さ」を連続量として表現するためには、測定が必要になります。しかし、いちいち測定をしなければならないのでは、コミュニケーションが滞ってしまいます。そもそも、言語が生まれた先史時代には、物差しはありませんでしたから、測定をすること自体、不可能でした。「高い」「低い」といった直観的なカテゴリーに分けるほかなかったわけです。

しかし、カテゴリーを使うと、カテゴリーのなかの違いが隠れてしまいます。よく「英語ができない」「英語ができる」という言いかたをしますが、「英語ができる」と言われると、つい「英語がペラペラだ」という気がしてしまいます。じっさいには、「英語ができる」といっても千差万別で、字幕なしの映画を見ていて、英語のセリフを100%聞き取れる人もいれば、40%しか聞き取れない人もいるわけです。なのに、その違いが意識にのぼりにくくなるのです。「斉一性《せいいつせい》の錯覚」です。

連続量を言語でカテゴリー化する場合には、しばしば二項対立になります。「高い、低い」もそうですし、「良い、悪い」もそうです。文化について語るときにも、「集団主義的、個人主義的」というように、二項対立になりがちです。二項対立では、間が断絶しているので、どうしても両極端をイメージすることになって、これが「両極性の錯覚」につながります。

『FACTFULNESS（ファクトフルネス）』という本があります。[81]「最新統計を見ると、世界の見方がガラッと変わる」ということを教えてくれる本です。この本の著者ハンス・ロスリングは、「〝先進国〟と〝途上国〟というふうに2つに分けるのではなく、4つに分けるだけでも、世界の見方はずっと正確になる」と指摘しています。

ロスリングたちがネットで公開しているグラフは、連続量をそのまま表しています。測定値があるのなら、言語に頼る必要はありません。グラフにすれば、連続量のままで伝えることができるわけです。

状況の力

ステレオタイプ的な日本人論は、「日本の精神文化が日本人の行動を決定している」と想定しています。「日本人は、集団主義的な文化をもっているので、集団主義的に行動するのだ」というわけです。第1章で紹介した自己観理論を提唱した論文も、「相互独立的自己観の文化なのか、相互依存的自己観の文化なのかによって、認知も、感情も、動機づけも変わるのだ」と主張しています。[154]

しかし、現実には、人間の行動は、その場の状況によって大きく左右されます。第6章で見たように、「外敵の脅威に直面している」という状況では、日本人であろうと、アメリカ人であろうと、集団主義的な行動をとることに変わりはありません。

集団主義的な行動だけではありません。心理学では、数多くの研究から、「人間の行動は、状況に大きく左右される」ということが明らかになっているのです。そのことを表すために、社会心理学では、「状況の力」という言葉を使います。

もっとも劇的なかたちで「状況の力」を証明してみせたのは、スタンレー・ミルグラムという社会心理学者がおこなった「服従実験」です。[160]

服従実験

この実験の被験者は、ふつうのアメリカ市民でした。新聞で被験者募集の広告を見て、イェール大学の実験室に行くと、ちょっとした謝礼金をもらいます。応募者がもう一人来ていて、一緒に「記憶の実験」に参加します。くじ引きで、自分は「先生役」、もう一人は「生徒役」に割りあてられます。

先生役になった被験者は、単語のリストを読み上げます。生徒役は、それを記憶して、口頭で再生します。生徒役が間違えると、先生役は、罰として、生徒役に電気ショックを与えなければなりません。生徒役は椅子に縛りつけられるので、逃げることはできません。

電気ショックは、最初は15ボルトですが、間違えるたびに15ボルトずつ高くなっていって、最後は450ボルトになります（前著『「集団主義」という錯覚』では、この実験の様子をもっと詳しく説明しました）。

家庭にきている電気は、日本では100ボルト、アメリカでは120ボルトです。450ボルトといえば、感電死しかねない高圧電流です。生徒役の被験者は、電圧が高くなってくると、「痛い！」と悲鳴を上げ、「やめてくれ！」と叫びます。ところが、先生役をつとめた被験者のうち、なんと6割以上が電圧を450ボルトまで上げてしまったのです。

じっさいには、電流は流れていませんでした。生徒役の被験者は、じつはプロの俳優で、苦痛にもだえる様子は、すべて演技でした。しかし、先生役をつとめた本当の被験者は、自分がじっさいに電気ショックを与えていると信じていたのです。にもかかわらず、実験者に指示されただけで、なんの罪もない同じアメリカ市民に、高圧の電気ショックを与えてしまったわけです。

「状況の力」の源

実験は有名大学でおこなわれたのですから、実験者の指示に背いても、暴力的な懲罰を受けるようなことは、ありえません。しかし、白衣を着た実験者、有名大学の実験室、「科学的な研究」、少額の謝礼金――こういった、一見ささいな状況が、被験者の行動を強く縛ってしまったのです。これが「状況の力」です。

「状況の力」と聞くと、なんだか「人間は状況の奴隷だ」と言われているような気がするかもしれません。しかし、そうではないのです。

人間は、進化の過程で、ほかの動物には類例を見ない高度な情報処理能力を身につけました。人間は、その情報処理能力を使って状況を分析し、適応的な行動をとることができます。自分の利益になり、損にはならないように行動することができるのです。

結果的に、ほんとうに適応的だったと言えるかどうかは別問題ですが、それはそれとして、「状況が変わると、行動が変わる、ときには非常に大きく変わる」ということは間違いありません。人間は、ほかの動物に比べれば、はるかに柔軟に行動を変えることができるのです。そのため、人間の行動は、一見したところ、「状況の力」に翻弄されているように見えます。しかし、じっさいには、人間は主体的に判断し、主体的に行動しているのです。

対応バイアスが生み出す幻影

しかし、その行動を見ている人は、対応バイアスの影響を受けます。状況を等閑視し、行動している人の「性質」を見てしまうのです。

強大な敵と戦っている国では、戦いに勝つために、国民は力を合わせようとします。しかし、そこに「集団主義的な精神文化」を見てしまうわけです。

対応バイアスは、第6章で紹介しました。「人の行動の原因を推測するとき、状況の力を軽視して、内部の特性（性格や知能など）が原因だと考えてしまう」というバイアスです。このバイアスは、人間についての私たちの理解を大きく歪《ゆが》めてきました。

もっとも重大な歪《ゆが》みは、西洋文明の興隆についての解釈でしょう。西洋文明は、16世紀から膨張を始め、20世紀のはじめには、世界の大部分を支配するようになりました。政治的な支配は、植民地の独立とともに縮小しましたが、文化的な支配は現在もなお続いています。

なぜ、西洋文明は他の文明を圧倒することができたのでしょうか？

20世紀の半ばごろまでは、「西洋人が優れているからだ」というのが標準的な説明でした。

ほとんどの西洋人は、「白人がもっとも優れていて、〝インディアン〟（アメリカ先住民）やアジア人はそれより劣っており、黒人はさらに劣っている」と信じていました。

奴隷解放宣言をした大統領リンカーンでさえ、黒人が白人と平等だとは考えておらず、私的なメモには、こんなことを書いていたそうです。「黒人の平等性だって！　ごまかしだ！　宇宙を造り、それを支配する偉大な神の統治下で、いつまで、こんな低級なデマゴギズムを、ならず者どもはわめき続け、馬鹿者どもはほざきつづけるのか[33]」（邦訳32頁）。

白人が優れているのは、文化的になのか、生物学的になのか、これについては、西洋人のなかにも、いろいろな意見がありました。「白人は生物学的に優れている」と考える人たちは、「黒人はチンパンジーに近い」と主張していました。

生態学的な説明

しかし、近年、アメリカの生物学者ジャレド・ダイアモンドは、西洋文明の優越は、生態学的な要因によって説明できることを示しました[25]。

彼の説明によれば、ヨーロッパは、まず、ユーラシア大陸にあるという点で有利でした。ユーラシア大陸は、地球上で最大の大陸です。そのため、栽培化できる野生の植物（麦や米など）や、家畜化できる野生の動物（馬や羊など）の種類が多く、文明が発達するには、他の大陸よりもずっと有利でした。大きな大陸は、人口も多くなるので、技術的な発明がなされる確率も高くなります。この点でも、文明の発達に有利でした。

ユーラシア大陸は東西方向に広がっているので、同じ気候帯に属す地域が広くなり、栽培化した植物は、広い範囲に伝播《でんぱ》します。そのため、たくさんの地域で文明が繁栄することになりました。

一方、アメリカ大陸やアフリカ大陸は、南北方向に広がっているので、同じ気候帯に属す地域は狭く、栽培化した植物が伝播《でんぱ》しにくくなります。たとえば、アンデスの高冷地で栽培化されたジャガイモは、中米の熱帯雨林では栽培できないため、北米にまでは伝播《でんぱ》しませんでした。熱帯雨林や砂漠は、アメリカ大陸やアフリカ大陸を南北に分断しており、作物だけではなく、家畜も、発明された技術も、伝播《でんぱ》するのが困難でした。

では、ユーラシア大陸に数ある文明のなかで、ヨーロッパが世界を支配することになったのは、なぜだったのでしょうか？

ユーラシア大陸では、イラク、シリアからパレスチナを経てエジプトに至る「肥沃な三日月地帯」で最初に文明が発達しましたが、この地域は、降雨量が少ないという弱点をかかえていました。そのため、文明が森林を消費してしまうと、森林は再生しにくく、乾燥化が進みました。また、乾燥地帯で灌漑農業をおこなったため、地中の塩分が地表に上がってきて塩害がひどくなりました。その結果、食料生産が伸びず、文明の発達にはブレーキがかかりました。

ヨーロッパと中国

ユーラシア大陸では、中国も、ヨーロッパと似た生態学的な条件を備えていました。その中国が世界を支配することにならなかったのは、なぜだったのでしょうか？

ダイアモンドは、こう説明します。ヨーロッパが躍進を遂げた16世紀から20世紀にかけての時期、中国には、明、清という統一政権が成立していました。全土が統一されていたため、中国の内部では競争原理が働きませんでした。一方、ヨーロッパには統一政権ができなかったため、戦争が続き、競争原理が働いて、軍事技術をはじめとする各種の技術が発達しました。このことが西洋文明の覇権をもたらした、というのです。

それでは、なぜ中国には統一政権ができたのに、ヨーロッパにはできなかったのでしょうか？

ダイアモンドは、「ヨーロッパは、地形的に分断されていたからだ」という説明をしています。イギリスの歴史家ニーアル・ファーガソンも、同じ説明をしています。[30] しかし、彼らの著書を見るかぎり、この説明は、まだ充分に立証されているとは言いがたいようです。

民族学者の梅棹《うめさお》忠夫は、中国とヨーロッパの違いとして、遊牧民による侵略の有無をあげました。[99] 中国は草原地帯に隣接しており、絶え間なく、遊牧民の侵略を受けてきました。その侵略に対抗するためには、統一が必要だったのかもしれません。小さな王国では、万里の長城を築くことはできません。一方、ヨーロッパは、草原地帯からは離れていたので、遊牧民の侵略を受けることは稀でした。そのため、統一は希求されなかったのかもしれません。

この「統一政権の有無の理由」という問題を除けば、ダイアモンドの説明は、さまざまな学問分野の知見とよく整合しています。一方、「白人が優秀だからだ」という説明のほうは、そうではありません。東アジア諸国の近年の発展ぶりを見れば、この説明には、もはやあまり説得力は感じられないでしょう。学力テストや知能テストの国際比較をみても、白人の国々が上位を独占するという結果にはなっていません。[59]

対応バイアスに由来する誤り

19世紀から20世紀にかけて、「白人が優秀だからだ」という説明が支配的だった理由のひとつは、まちがいなく対応バイアスでしょう。「世界を支配している」という西洋人の行動を目にして、外部の生態学的な要因に注目することなく、「優秀な能力」という内部の要因による解釈をしてしまったわけです。

なお、対応バイアスは、他人の行動の原因を推測するときに、思考にかかるバイアスです。そうすると、「世界を支配している」という西洋人の行動の原因を、西洋人自身が推測するときには、「対応バイアスは作用しないのではないか」という気がするかもしれません。けれども、個々の西洋人から見れば、「西洋人が世界を支配している」という行動は、自分一人の行動ではなく、西洋人全体の行動であり、その西洋人のうち、自分以外の圧倒的多数はすべて他人ですから、対応バイアスが働いても不思議ではないのです。

「白人が優秀だからだ」という説明は、こんにちまで続く人種差別の源になりました。それを考えると、この説明は、「対応バイアスが生みだした最も重大な思考の歪《ゆが》み」と言っても、過言ではないかもしれません。

文明の発達という問題の場合は、対応バイアスに加えて、「生態学的な要因に着目するためには、広範な学問的知見の蓄積が必要で、それに通じていなければならない」という事情もあります。それに比べると、「白人が優秀だからだ」という説明のほうは、特別な知識を必要としません。誰にでも考えつける、お手軽な説明です。

「文化差」の実像

文化による説明も、「お手軽」という点では、同様です。

戦時中、日本人が集団主義的な行動をとっているのを見て、「日本人は集団主義的な文化をもっているからだ」という説明をするのは、ほとんど同語反復です。すこしの想像力も、知識も必要としません。対応バイアスのしからしむるところでもあります。

一方、「外敵の脅威にさらされたときには、団結を固めようとするものだ」ということに思いあたるためには、もうすこし知識が必要ですし、もうすこし考える必要もあります。対応バイアスを克服することも必要です。

そうした事情もあって、文化の影響力というのは、ともすれば過大視されがちなのです。けれども、データを調べてみると、じつは、「文化差」は、そう大きなものではないことが多いのです。そのことをはっきりと示してくれるのは、日系アメリカ人の心理学者デイヴィド・マツモトの研究[158]です。

この研究は、第3章の図6・図7にまとめた日米比較研究のひとつです。家族、友人、同僚、他人のそれぞれにたいして、自分がどれだけ集団主義的な行動をとるかを尋ねた調査研究です。

相手が家族の場合にだけ、「アメリカ人のほうが日本人より集団主義的」という差が見つかりました。通説とは逆の差です。統計的な分析では、「0・01％水準で有意」でした。「こういう差が偶然に出ることは、万に一つもない」という分析結果です。ふつうの論文なら、「非常にはっきりとした文化差を発見した」と特筆するところです。

ところが、マツモトが「被検者の回答に影響した要因は何か」を分析したところ、日米間の「文化差」は、「万に一つもない」ほど明確だったにもかかわらず、回答にたいしては、2％ほどの影響力しかありませんでした。個人差の影響力は20％ほどでした。残る78％の大部分は、状況の影響力、それに、状況と個人差の相互作用でした。[92]「状況と個人差の相互作用」というのは、「どういう状況でどういう行動をとるかは、人によって違う」ということです。

たいがいの場合、文化というのは、日本人論などの文化論からイメージするほどには、大きな影響力はもっていないのです。ふつうは、状況のほうがずっと大きな影響力をもっています。それどころか、文化そのものも、状況の影響を受けているのです。そのことを理解するために、ここで、「文化とは何か？」という問題を考えてみることにしましょう。

文化とは何か？

「文化」と聞くと、「文化財」とか、「文化勲章」とかいう言葉が頭に浮かんできて、「高級なもの」というイメージが先に立ちます。昔は「文化住宅」とか「文化国家」とかいう言葉もありました。

しかし、「ふんどし」も「パンツ」も、文化ではありますが、とりわけ高級というわけではありません。高級なものに限定してしまうと、ふつうに「文化」と考えられているものがはじき出されてしまうのです。はじき出されないようにするためには、「文化」をできるだけ広く定義する必要があります。

「文化」という言葉のふつうの使いかたに合っていて、できるだけ齟齬《そご》が小さくなるようにするためには、こんな定義がいいかもしれません。「知的活動によって生み出され、知的活動によって継承されうるもの。」

「ふんどし」も「パンツ」も、知的活動によって生み出されたものですし、その作りかたや使いかたは、学習することができます。つまり、知的活動によって継承することができます。この定義なら、「ふんどし」も「パンツ」も、「文化」の仲間入りができます。

一方、鳥がつくる巣は、ふつうは「文化」とは呼びませんが、この定義でも、「文化」には入りません。辛うじて「知的活動によって生み出された」と言えないことはないかもしれませんが、学習されることはないからです。巣の作りかたは、遺伝的に決まっています。なにかのはずみで変わった巣をつくってしまった鳥がいたとしても、ほかの鳥がその巣の作りかたを学習して受け継いでいくということはありません。

宮崎県の幸島《こうじま》では、「砂浜に撒かれた芋を海水で洗って、砂を落とし、塩味をつけて食べる」という行動を若いサルが始めました。この行動は群れのなかに広まって、代々伝えられていくようになったので、京都大学の研究者たちは、この行動を「文化」と呼びました。芋洗いは、サルが知的な活動によって生み出した行動ですし、ほかのサルが学習したのですから、いまの定義なら、確かに「文化」ということになります。

「文化」の定義については、学問的には、さまざまな議論があって、なかなか難しい問題なのですが、厳密な定義が難しいのは、「文化」にかぎったことではありません。心理学では、日常的に使われているカテゴリー（「石」「机」など）を「自然カテゴリー」といいます（「有理数」とか「無理数」のように、人為的に定義されたカテゴリーと対比されます）。この自然カテゴリーの場合、完全に厳密な定義をすることは、まず不可能だということが知られています。なぜなのかは、たとえば、「石」と「岩」を厳密に区別できる定義があるかどうかを考えてみれば、見当がつくでしょう。

とはいえ、実際問題としては、「知的活動によって生み出され、知的活動によって継承されうるもの」という定義から不都合が生じることは、ほとんどありません。ここでは、この定義を念頭において、「文化」の問題を考えてみることにしましょう。

文化を生み出す適応プロセス

文化は、どのようにして生み出されるのでしょうか？

多くの場合、文化は、人間が環境に適応するために生み出すものです。

住居を例にとると、分かりやすいかもしれません。住居は、その土地で生き延びていくために、それも、できるだけ健康な状態で生き延びていくために、人間が知的活動によって生み出した文化要素です。ですから、住居には、その土地の環境という外部要因が色濃く反映されています。

たとえば、東南アジアでは、竹でつくった高床式の住居がよく見られます。竹は、東南アジアでは、手に入りやすい素材です。高床式にすると、風通しがよくなって、高温多湿の気候でも快適に暮らすことができます。危険な動物が入ってくることも防げます。

一方、アフリカや中東の乾燥地帯では、日干しレンガの住居がよく見られます。竹はもちろん、木材もなかなか手に入りませんが、泥ならあります。その泥をレンガの形にして天日に干し、それを建築材料として使っているわけです。日干しレンガは断熱効果が高いので、灼熱の土地でも、多少なりとも涼しく暮らすことができます。

つまり、住居のような文化要素は、適応プロセスの産物なのです。住居は物質的な文化要素ですが、精神的な文化要素も、適応プロセスの結果として説明できる場合が少なくありません。

食のタブー

中東の乾燥地帯で生まれたユダヤ教やイスラム教は、豚を食べることを禁じています。

アメリカの人類学者マーヴィン・ハリスは、生態学的な観点から、このタブーを説明しました。[38] おおよそのところ、次のような説明です。

森林地帯なら、豚はドングリなどを食べて、勝手に育ってくれます。しかし、乾燥地帯では、豚を飼育するためには、穀物を与えなければなりません。牛や羊とはちがって、豚は草を消化することができないからです。豚に穀物を与えて、その豚を食べるより、穀物を直接食べるほうが、ずっと多くの人間を養えます。富者《ふしゃ》が美味な豚肉を食べれば、貧者《ひんじゃ》が飢えることになるわけです。ですから、共同体が生き延びていくためには、豚肉の魅力を断ち切らなければなりません。宗教的な戒律は、信者の行動を強く規制する力をもっているので、宗教指導者は「豚を食べてはいけない」というタブーをつくった、というわけです。(こうした生態学的な外部要因ではなく、地政学的な外部要因による説明も提案されています。複数の要因からタブーが生まれたという可能性もあります。)

「状況の力」を説明したときには、人間が内部にもっている精神文化を、人間の外部にある状況と対比しました。しかし、精神文化が適応プロセスから生みだされたものだとすれば、精神文化にも、状況の影響は及んでいることになります。

知的活動と適応プロセス

　もっとも、適応プロセスの関わりが弱い文化要素もあります。たとえば、芸術作品がそうです。芸術家がどのような作品を生み出すかは、その芸術家の個人的な資質や創造力に強く依存します。偶然的な要因の影響も受けます。ベートーヴェンは、若いころは明るい曲をたくさん創っていましたが、聴力が低下し、遺書まで書いた後になると、悲劇的な曲調の作品が多くなりました。

　とはいえ、創造的な芸術家も、外部の状況と無縁というわけにはいきません。学んだことの上に立って創造をおこなうからです。ベートーヴェンは、西洋音楽を学んだので、いかに独創的な作品を生み出したとはいえ、基本的には、西洋音楽の語法にしたがって作曲をしました。いきなり、ガムラン音楽をつくったりすることはありませんでした。また、仮にガムラン音楽をつくったとしても、当時の聴衆には受けいれられず、音楽家として活動することはできなかったでしょう。こういう点では、芸術活動の場合も、やはり、適応プロセスは働いていたわけです。

文化は変化する

文化ステレオタイプは、文化を「不変の特質」だと考えがちです。日本人論では、「日本人の集団主義」は、歴史の変遷とは無関係に、「変わることなく日本文化の本質でありつづけてきた」とされています。

「日本人の集団主義」がなぜ生まれたかについては、第1章で紹介した稲作農耕説が有力です。[110] では、農業人口が全人口の2%にも届かなくなってしまった現在、「日本人の集団主義」は消えてしまったのかというと、日本人論は、そうは論じません。あいかわらず「日本人は集団主義的だ」と言っています。

日本人論にかぎりません。『FACTFULNESS（ファクトフルネス）』の著者ハンス・ロスリングは、イギリスの資産家たちに統計データを見せて、「アフリカは急速に発展しているので、投資機会に恵まれていますよ」という講演をしたとき、こんなことがあったと記しています。講演のあと、一人の紳士が笑顔で近づいてきて、こう言ったそうです。「アフリカはありゃだめですよ。軍の仕事でナイジェリアにいたからわかります。ほら、文化があれだから。近代的な社会なんてつくれっこありませんよ。変われませんよ。絶対に」[81]（邦訳217頁)。

ロスリングは、「文化は変化する」と力説しています。じっさい、文化は変化します。環境に適応するために、文化を創り出してきたのだとすれば、環境が変化したときには、文化が変化しても、すこしも不思議ではないはずです。

数万年前、アフリカからユーラシア大陸に進出した現生人類は、北方に移動していったとき、針と糸を発明して、寒さから身を守る衣服をつくりました。東南アジアに移動した人びとは、竹で高床式住居をつくるようになりました。極地にまで移動した人びとは、圧雪ブロックで小屋（イグルー）をつくるようになりました。

ある集団が別の集団と接触したときにも、環境は変化したことになります。その変化に適応するために、文化が変化することは珍しくありません。文化人類学でいう「文化変容」です。

江戸時代、日本人は和服を着ていましたが、「文明開化」の結果、誰もが洋服を着るようになりました。今では、普段着として和服を着ている人は、ほとんどいません。ヘアースタイルも変わりました。ふつうのサラリーマンが江戸時代のような髷《まげ》を結って出社したら、何を言われるか、目に見えています。

もちろん、「知的活動」による創造も、文化の変化をもたらします。ヨーロッパ人が植民を始めたころのマンハッタンには、木造の家屋が建ち並んでいましたが、「知的活動」によって建築技術が発達した結果、今では摩天楼が建ち並んでいます。冷房装置が発明された結果、高床式住居の多かったシンガポールやマレーシアにも、今では超高層ビルが建ち並んでいます。

精神文化も変化する

日本人論では、「集団主義」のような精神文化は変化しないと考えられていますが、変化するのは、物質文化だけではありません。精神文化も変化します。ときには、意外なほど短期間で変化します。

その良い例は、1960年代にアメリカで起こった「性革命」でしょう。[49] それ以前には、アメリカでは、ピューリタン的な厳格な性道徳が支配的でした。しかし、この「性革命」を境に、アメリカでは、「フリーセックス」が普通のことになり、ポルノ雑誌やポルノ映画が溢れるようになりました。「性」に関しては、アメリカの精神文化は劇的に変化したのです。

日本も、アメリカの「性革命」と無縁ではいられませんでした。年配の人なら、昔を思い出してみれば、日本人の意識の変化が実感できるのではないでしょうか。私が青少年だったころは、「婚前交渉は是か非か」といった議論をよく聞いたものでしたが、近頃はとんと耳にしません。

なぜ「性革命」が起こったのか、その原因は単純ではないでしょう。しかし、アメリカ人が経済的に豊かになったこと、避妊用具や中絶技術が発達したことなど、状況要因の変化が大きな役割を果たしたことは、間違いないところです。

「性」が人間の行動や感情を強く支配していることに、議論の余地はないでしょう。その「性」についての精神文化すら、二、三十年で激変してしまうのです。人類の長い歴史からみれば、ほんの一瞬です。だとすれば、ほかの精神文化も、変わらないはずがありません。集団主義にせよ個人主義にせよ、精神文化が不変だと考えなければならない理由はないのです。

文化差の「深さ」

文化が変化するのであれば、当然、文化差も変化するはずです。

とかく、文化差は、本質的かつ永続的な違いであるかのように語られがちです。心理学の国際比較研究でも、2つの文化のあいだに「統計的に有意な差」(偶然に生じたとは考えにくい差)が見つかると、あたかもそれが本質的な違いであるかのように論じられがちです。しかし、文化が変わりうるものである以上、文化差も変わりうるものだと考えなければ、辻褄《つじつま》が合いません。

ただし、文化の変わりやすさには違いがあります。たとえば、鎖国から「文明開化」へという状況の変化に応じて、服装や髪型はガラッと変わりました。しかし、「日本人がみな日本語を話すのをやめて、英語を話すようになった」というわけではありません。

ある文化要素が変わりやすい場合、その文化要素についての違いは、いわば「浅い」文化差だと言えるでしょう。変わりにくい文化要素についての違いは、「深い」文化差です。いまの例でいえば、服装や髪型の違いは「浅い」文化差、言語の違いは「深い」文化差ということになります。服装や髪型を変えるのはそう難しくはありませんが、新しい言語を習得するには大変な努力が必要です。ですから、言語という文化要素は、なかなか変わらないのです。

とはいうものの、ものごとはそう単純ではありません。ある文化要素が変わりやすいか変わりにくいかは、どういう状況に置かれているかによっても、大きく左右されます。

ほとんどの日本人は、「文明開化」のあとも、日本語だけで生活をしていくことができました。ですから、日本語のかわりに英語を話すようにはなりませんでした。しかし、オーストラリアやカナダなどでは、少数民族の言語がどんどん消えていき、少数民族の人たちも英語を話すようになっています。圧倒的な軍事力と経済力をもつ多数民族に取り囲まれていて、その多数民族が英語を話しているため、英語を使わずに生活することが難しかったからです。

文化も、文化差も、不変ではありません。主に状況要因の影響で、そこに他の要因も絡んで、ダイナミックに変化するものなのです。

異文化理解教育

もう20年以上前のことになりますが、「〝日本人は集団主義的、アメリカ人は個人主義的〟という通説は、実証的研究に支持されていない」と指摘した論文をはじめて発表したとき、文化研究者のメーリングリストに、「文化はある！」というメールが投稿されました。以来、たびたび、同じ反論にぶつかってきました。私の研究は、どうも「文化は存在しない」とか、「文化差は存在しない」とかいう主張だと誤解されやすいようです。

もちろん、「文化は存在しない」などと主張するつもりはありません。「文化差は存在しない」と主張するつもりもありません。

服装も、髪型も、言語も、宗教も、みな文化です。それが「存在しない」と主張するのは馬鹿げています。洋服と和服は違っています。日本語と英語も違っています。いずれも文化差です。そうした文化差が「存在しない」と主張するのは、やはり、馬鹿げています。

それだけではありません。「文化の違いを理解していないと、いろいろな誤解や摩擦が生じる」ということも、紛れもない事実です。

たとえば、普通、「イエス」のときには首を縦に動かし、「ノー」のときには横に動かします。アメリカ人も、同じです。ところが、ブルガリアでは、「イエス」のときには首を横に、「ノー」のときには縦に動かすのです。正確に言うと、「イエス」のときには首を左か右に傾《かし》げてから戻し、「ノー」のときには頭を反らしてから戻すのですが[24]、私たちには、「イエス」のときにうなずいているように見えてしまいます。

これが誤解のもとになることは、容易に想像がつくでしょう。ネットでは、誤解の体験談が語られています。

無用な誤解や軋轢が生じないようにするためには、文化の違いを知っておくことは大切です。ですから、異文化理解教育が必要だということは、論を待ちません。「人間はみな兄弟、かならず分かり合える」というわけにはいかないのです。

とはいえ、異文化理解教育で、文化の違いを「本質的な違い」として教えてしまうと、もっと大変な誤解を植えつけてしまうことになります。異文化理解教育にあたっては、文化や文化差についての正確な理解が欠かせないのです。

次の章では、どういう点で「もっと大変な誤解」になるのかをお話ししましょう。

第9章
文化ステレオタイプの罠

大学の授業で日本人論の話をしていたころのこと。「授業評価」を提出する時期になると、ときどき、こんなことを書いてくる受講生がいました——「日本人がほんとうに集団主義的かどうかなんて、そんなことはどうでもいいと思います。アメリカ人と話しているとき、〝アメリカ人は個人主義的なんだってね、日本人はこんなふうに集団主義的なんだよ〟と盛り上がるネタになれば、それでいいじゃありませんか」。

最初にこういうコメントをもらったときには、びっくりしました。しかし、考えてみれば、日本が豊かになってからは、「面白ければいい」という風潮が世を覆うようになってきたので、こういう感想をいだく人は、じつは少なくないのかもしれません。とはいえ、日本人論のような文化ステレオタイプは、恐ろしい災厄《さいやく》のもとになりかねないので、「面白ければいい」とも言っていられないのです。

文化ステレオタイプにもとづく偏見と差別

人間についての「ステレオタイプ」は、価値判断と密接に結びついているのが普通です。たいがいは、相手を見下すような価値判断です。

「黒人」のステレオタイプがいい例でしょう。このステレオタイプの描きだす「黒人」は、

「頭が悪い」「怠け者」です。ステレオタイプをつくりだした白人のほうは、当然、「頭が良い」「働き者」ということになります。

文化ステレオタイプも例外ではありません。たいがいは価値判断と一体になっています。やはり、相手が「劣っている」ということになる価値判断です。そのため、文化ステレオタイプは、偏見や差別の温床になりがちです。逆に、「偏見や差別が文化ステレオタイプを生み出す」という面もあります。

「集団主義的な日本人」という文化ステレオタイプも、価値判断とは切り離せません。アメリカの国是は自由と民主主義ですが、その基礎には個人主義があると考えられています。ですから、アメリカ人にとっては、個人主義の否定である集団主義は「悪」なのです。

そう考えれば、第二次世界大戦中にアメリカが制作したプロパガンダ映画で、なぜ日本人の「集団主義」が強調されたのか、よく理解できます。アメリカ人は「集団主義は悪だ」と思っているのですから、日本人に「集団主義」というレッテルを貼れば、たやすく敵意を煽ることができたわけです。最近は、アメリカの反イスラム教団体が、「イスラム教徒は集団主義的だ」と言っています。

文化ステレオタイプは、相手にたいするネガティヴな感情を呼び起こすだけに、相手との関係が悪化してくると、さかんに言いはやされるようになります。「集団主義的な日本人」の場合は、第二次世界大戦のときがそうでした。その後、もう一度、日本人の「集団主義」がスポットライトを浴びたことがあります。「日米貿易摩擦」の時代です。

日米貿易摩擦

1980年代にはいると、アメリカの貿易赤字が膨らみはじめ、そのなかで、日本の占める割合が半分近くにものぼるようになりました。それだけではなく、アメリカの製造業は競争力が弱まり、自動車や鉄鋼といった伝統的な産業でも、半導体のようなハイテク産業でも、日本に市場を侵食されるようになりました。

伝統的な産業からは大量の失業者が流出し、怨嗟《えんさ》の声は日本に向けられました。街頭でインタビューを受けた失業者は、「日本はアメリカに物を売りつけるだけで、アメリカからは何も買おうとしない」と怒りをぶちまけました。

じっさいには、第4章で確認したように、一人あたりで考えれば、アメリカ人が日本から買っていたのと同じぐらい、日本人もアメリカから買っていたのですが、政治家やマスメディアによって、「日本はアメリカからは何も買おうとしない」というイメージがつくりあげられていたのです。

アメリカでは、「日本製の乗用車をハンマーで叩かせて、お金をとる」という商売も現れました。それが商売になるほど、日本にたいするアメリカ国民の怒りは強かったわけです。議事堂の前では、議員たちがテレビカメラを呼んで、東芝のラジカセを叩き壊してみせるというパフォーマンスを演じました。

　１９６０年代からリベラルな思潮が広まっていたアメリカでは、特定の人種や民族を貶《おとし》めるようなことを言うと、眉をひそめられることが多くなっていました。ところが、この時期、日本だけは例外で、「相手が日本なら、何をどう悪く言ってもかまわない」という風潮が広がっていました。アメリカのあるジャーナリストの言葉を借りれば、「日本は遠慮なく憎める相手になった[87]」（１１２頁）のです。

　このアメリカ国民の怒りをバックに、アメリカ政府は、日本に輸出の「自主規制」を迫り、「数量制限」を呑ませ、日本からの輸入品には「報復関税」をかけました。日本のマスメディアは、こうしたアメリカ政府の「対日要求」を連日のようにトップニュースで伝えました。年配の読者なら、新聞の一面に「スーパー３０１条」とか「日米構造協議」とかいった言葉が踊っていたことをご記憶でしょう。

日本異質論と「集団主義」

戦後、アメリカは、「自由貿易の旗手」をもって自ら任じていました。しかし、「自主規制」も「数量制限」も「報復関税」も、みな貿易制限であり、「自由貿易」とは明らかに矛盾します。

この矛盾をとり繕《つくろ》うために、アメリカ人はこういう理屈をひねり出しました――「日本は、自由貿易のルールに従わないアンフェア（不公正）な国だ。異質な経済運営をしている日本には、自由貿易のルールは適用しなくてもいいのだ」。

「日本異質論」とか、「日本特殊論」とか呼ばれた議論です。こうした議論によって、アメリカは自由貿易に反する自国の貿易制限を正当化したのです。「日本異質論」、「日本特殊論」は、マスメディアを大いに賑わせたものでした。

では、どういう点で、日本は「異質」「特殊」とされたのでしょうか？

それが「集団主義」だったのです。具体的には、第4章で取りあげた「日本的経営」や「系列」、「産業政策」などです。「日本経済は、欧米諸国の自由主義経済とは異質な集団主義経済だ。そのおかげで、貿易戦争で不当に勝ちつづけているのだ」――これがアメリカの非難でした。もちろん、その「集団主義経済」は、日本の「集団主義的な文化」に根ざしていると言われました。

じっさいには、「日本の集団主義経済」は虚構でした。それは第4章で明らかになったとおりです。それを明らかにした実証的研究のほとんどは、日米貿易摩擦が終息したあとになって世に出たものですが、日米貿易摩擦のさなかにも、「集団主義的な経済のほうが強いのなら、なぜソ連の経済は行き詰まったのか?」とか、「日本の高度成長は、市場経済の原則どおり、国内での激しい競争の結果にすぎない」とか、真っ当な意見を述べる人たちはいました。しかし、そういう声は、「日本異質論」の大合唱にかき消されてしまったのです。

「日本叩き」

経済の問題には数多くの利害関係者がいます。アメリカの場合、衰退産業や輸出産業の経営者や労働者、そうした産業を選挙区にかかえている政治家などです。日本からの輸入を減らしたり、日本への輸出を増やしたりすることができれば、彼らは利益を得ることができます。

こうした利害関係者にとって、「日本異質論」は絶好の武器になりました。アメリカ人は「集団主義は悪」と考えていましたから、「日本異質論」は、日本にたいする反感を煽るには好都合だったのです。しかも、「日本人は集団主義的だ」と既に広く信じられていたので、利害関係者のみならず、アメリカ国民全体に、たやすく反日感情を植えつけることができました。

その結果、アメリカでは「日本叩き」(Japan-bashing)の嵐が吹き荒れることになりました。日本人自身も「日本人は集団主義的だ」と思っていましたから、「日本異質論」は、日本人のなかにも多くの同調者を得ることができました。

日米貿易摩擦の爪跡

「集団主義的な日本経済」は、日本経済の真の姿ではありませんでした。しかし、「日本異質論」の威力は絶大でした。誰もが「日本人は集団主義的だ」と思っていたので、「日本異質論」にもとづくアメリカの対日要求は、アメリカ人のみならず、日本人にまで正当な要求だと感じられたのです。アメリカの対日要求を次つぎに受けいれた結果、日本では、数多くの産業が甚大な被害をこうむることになりました。

阪神淡路大震災で横倒しになって連なる高速道路や、東日本大震災の津波で瓦礫と化した市街地の映像を見て、私たちは、地震による被害がいかに凄まじいものだったのかを実感しました。かりに、日米貿易摩擦の爪跡が目に見えるものだったとしたら、私たちは、同じように惨憺たる光景を目にすることになったはずです。

日米貿易摩擦の結果、日本では、いくつもの産業が、ほとんど壊滅状態におちいりました。たとえば、半導体産業です。

半導体

日本の半導体産業は、1980年代に急成長し、世界の市場で50％ものシェアを占めるまでになりました。危機感を抱いたアメリカは、「日本叩き」の嵐を背景に、強硬な姿勢で日本との交渉を進め、1986年に日米半導体協定を締結しました。

この協定によって、日本製の半導体の輸出価格は、なんとアメリカが決めることになったのです。日本の半導体市場の20％は外国製品に譲り渡すことも決まりました。日本の半導体メーカーは、「自社の顧客に、泣く泣くアメリカ製の半導体を薦めなければならなかった」という話もあります。

この協定は、日本の半導体産業を壊滅に追い込みました。アメリカの半導体メーカーが息を吹き返す一方、日米半導体協定に縛られない韓国や台湾の半導体メーカーが輸出を拡大し、日本の半導体メーカーはそれに太刀打ちできなくなっていったのです。

1980年代の終わりには、世界の半導体メーカーのトップ3は、日本のNEC、東芝、日立でしたが、2018年のトップ3は、サムスン（韓国）、インテル（アメリカ）、SKハイニックス（韓国）です。日本のメーカーはトップ10にもはいっていません。

スーパーコンピュータ

スーパーコンピュータも、産業としては壊滅しました。

日本製のスーパーコンピュータは、やはり1980年代に性能が向上し、アメリカ製のスーパーコンピュータと競合するようになりました。アメリカ政府は、「不公正だ」と日本のメーカーを非難し、さまざまな「対抗策」をとりました。たとえば、MIT（マサチューセッツ工科大学）が日本製スーパーコンピュータの導入を決めると、「補助金を撤回する」と圧力をかけて、アメリカ製スーパーコンピュータに変更させました。また、日本製のスーパーコンピュータには、製品価格の何倍もの「反ダンピング税」をかけました。

一方で、日本の国立大学や政府の研究機関には、アメリカ製のスーパーコンピュータを導入させるよう、日本政府に要求しました。その結果、たとえば、1994年度の補正予算で政府が調達したスーパーコンピュータの場合、11台のうち6台がアメリカ製になりました。

スーパーコンピュータの最大の市場であるアメリカから締め出された結果、日本製のスーパーコンピュータは商売にならなくなり、産業としては壊滅してしまいました。現在では、主に国内向けの特注品を細ぼそとつくっているだけです。その後、アメリカのメーカーが世界市場を独占するようになりましたが、最近は中国製のスーパーコンピュータがシェアを広げてきています。

パソコンの基本ソフト

「日本異質論」を背景にした「日本叩き」が猛威を振るうなかで、日本政府はつねにアメリカ政府の顔色をうかがうことを余儀なくされ、アメリカ政府は、口先だけで日本の産業の芽を摘むことができるようになりました。そのよい例がパソコンの基本ソフトです。

1995年、日本では、「ウィンドウズ95」が大ブームを引き起こしましたが、その前、

1980年代には、国産の「トロン」という基本ソフトが注目を集めていました。マイクロソフト社の「ウィンドウズ」は、インテル社の中央演算装置とセットになっていましたが、日本企業はトロンのための中央演算装置を開発していました。

トロンを使ったパソコンを全国の学校に設置しようという動きが広がってきたとき、アメリカの通商代表部は、トロンを「貿易障壁」のひとつとして名指ししました。アメリカによる制裁を恐れた日本政府は、すぐに「自主規制」をして、トロンの採用をとりやめました。日本企業も、トロン向けの中央演算装置の開発を中止しました。現在は、ご存じのとおり、アメリカ企業（マイクロソフトとアップル）の基本ソフトが市場を独占しています。

医療保険

「日本叩き」の嵐に便乗して、数多くのアメリカ企業が、利益を得ようと理不尽な要求を持ち出し、それをアメリカ政府が後押ししました。いちばん極端な例は医療保険でしょう。

日本の保険には、生命保険と損害保険という2つの分野がありました。1974年、アメリカンファミリー生命保険が日本市場に参入し、生命保険でも損害保険でもない、「第三分野」と呼ばれた医療保険の発売を始めました。アメリカ政府は、日本政府に圧力をかけて、医療保険の分野に日本の保険会社が参入することを禁止させました。日本の国内市場での話です。その後、日米保険協議などをつうじて圧力をかけつづけた結果、日本の保険会社が医療保険を販売できるようになったのは、21世紀にはいってからのことになりました。

開国直後の不平等条約の時代もかくやと思われるような話です。

バブルの発生

個別の企業や業界が被害を受けただけではありません。日本全体が深刻な事態に直面することになりました。「バブル」です。

「日本からの輸入を減らすためには、日本製品の値段を高くすればいい」と考えたアメリカ政府は、ドルにたいして円を切り上げるように要求しました。日本政府はこの要求に屈し、アメリカなどと共同で「プラザ合意」（１９８５年）を発表しました。「ドルを安くする政策をとる」ということで合意したのです。その直後から、ドルにたいする円の為替レートは急激に上昇しました。１ドル２４０円ぐらいだった為替レートは、２年半もすると、120円ぐらいにまで上がりました。ドルにたいして、円は2倍も高くなったのです。

当時、私はアメリカの大学で教える立場になったばかりでした。給与は年額2万ドル。円に換算すれば500万円近くになったので、「初任給としては悪くないか」と思っていました。ところが、プラザ合意のあと、円にたいするドルの価値は、あれよあれよというまに下落していって、私の給与は、円に換算すると、半分近くになってしまいました。しかも、交換留学生のビザの規定で、翌年には日本に帰らなければなりませんでした。現金を持って帰っても、わずかな額にしかなりません。そこで、物に変えて持って帰ることにしました。コンパクトディスクが世に出て間もないころだったので、発売されたばかりの携帯式CDプレーヤー、それに一眼レフカメラ（いずれも日本製）を買って帰国したことを憶えています。

円高の影響を受けたのは、もちろん、私だけではありませんでした。円のドルにたいするレートが2倍になれば、アメリカでは日本製品の価格は2倍になるわけですから、日本の輸出は振るわなくなり、「円高不況」が訪れました。なんとかそれを克服しようと、日本銀行は公定歩合を引き下げ、政府もさまざまな景気刺激策を講じました。これがバブルを生んだと言われています。

公定歩合を引き下げた結果、市中金利が下がったので、「低い金利で銀行から資金を借りて、土地や株式を買えば、濡れ手で泡の大儲けができる」という話が広まりました。いわゆる「財テク」です。財テクで大きな利益を出した財務担当者は、企業のなかで英雄視されました。その結果、多くの企業が財テクに走り、その莫大な資金が流れこんで、土地や株式の価格は急騰しました。それがさらに資金を呼びこむという悪循環が始まって、「バブル」になりました。

このとき、アメリカ政府は、日本政府に「内需拡大要求」を突きつけていました。「日本製品がアメリカに大量に流れこむのは、日本の国内需要が少なすぎるからだ」と主張し、「日本製品を日本国内で消費できるように、内需を拡大せよ」と要求してきたのです。

この内需拡大要求に手足を縛られて、日本は自律的な経済運営ができない状態におちいっていました。経済状況に応じて、金利や景気刺激策を臨機応変に調整することができなくなっていたのです。そのため、バブルは加熱していき、やがて崩壊しました。

バブルの崩壊

バブル崩壊の衝撃は、日本を根底から揺るがしました。

多くの企業が瀬戸際に追い詰められたのです。競争力が非常に強かった自動車業界でさえ、日産自動車がルノーの救済に頼り、その傘下に入ることになったほどでした。

日本全体にとって深刻な問題になったのは、金融業界が打撃を受けたことでした。バブル時代の貸しつけは、多くが回収の見込みのない「不良債権」になってしまい、銀行の経営を圧迫するようになりました。拓銀（北海道拓殖銀行）や長銀（日本長期信用銀行）をはじめとして、数多くの銀行が破綻し、何十という信用組合や信用金庫も破綻しました。破綻を免れた銀行も、大型合併によって生き残りを図らなければならなくなりました。山一証券や三洋証券といった証券会社も倒産しました。

窮地におちいった金融機関は、企業に資金を貸し出すことを渋るようになりました。いわゆる「貸し渋り」です。そうなると、貨幣経済が機能不全を起こし、企業活動が停滞してしまいます。研究開発に資金をつぎこむことも難しくなります。バブル崩壊の前は、家庭用ビデオ、薄型テレビ、ウォークマン、CDなど、次つぎに画期的な新製品を送り出していた日本企業も、目立った新製品が生み出せなくなりました。IT革命にも乗り遅れ、グーグルやフェイスブックのような巨大IT企業を誕生させることもできませんでした。

バブル崩壊の後遺症は長くつづき、はじめは「失われた10年」と言われていましたが、やがて「失われた20年」と言われるようになりました。「リストラ」で職を失い、人生が暗転した人も数知れません。

国の借金

「日本叩き」は、もうひとつ重大な後遺症を残しました。「赤字国債」です。

国の予算にあてるお金が足りなくなったとき、足りない分を補うために発行するのが「赤字国債」です。赤字国債を発行すれば、社会福祉など、さまざまな事業を拡充して、国民に喜んでもらえます。それによって、政治家は有権者の票を期待することができます。ですから、「赤字国債を発行せよ」という圧力はつねに高いのですが、赤字国債は国の借金ですから、国民にとっては負債として残ります。「麻薬」といわれる所以《ゆえん》です。

政府は、１９６５年度から赤字国債を発行しつづけていましたが、「借金を増やさないようにしなければならない」という声も強く、１９９１年度には発行を停止しました。それから４年間は発行を止《や》めていました。

そこへ、アメリカが内需拡大要求を突きつけてきました。クリントン政権は、日本人の購買力を高めるために、８兆円もの減税をせよと要求してきたのです。日本政府は、５・

５兆円規模の「特別減税」をおこないました。当然、税収が減って、予算にあてるお金が足りなくなります。そこで、日本政府は赤字国債の発行を再開しました。

その後も、バブル崩壊による景気の悪化を押しとどめようと、景気刺激策を打つために、政府は赤字国債の発行をつづけました。その結果、赤字国債の残高は急速に増加し、２０１８年度には８８３兆円という巨額に達しています。[107] これは、税収（一般会計）の15年分、ＧＤＰ（国内総生産）の約２・４倍にあたります。

ほかの「主要先進国」の場合、欧州連合のなかで「借金が多すぎる」と批判されているイタリアでさえ１・３倍程度ですから、日本は、とびぬけて多額の借金をしていることになります。国民一人あたりにすると、赤ちゃんまで含めて、誰もが約７００万円の借金を背負っている計算になります。

この巨額の借金は、今のところ、日本経済にあまり悪影響はおよぼしていません。しかし、インフレーションで金利が上がったり、高齢者が増加して年金総額が膨れ上がったりして、社会情勢が変化したときには、重大な危機をもたらす可能性があると心配されています。

自分は「集団主義的」？

「集団主義的な日本人」というイメージは、現実とはかけ離れていたにもかかわらず、「日本異質論」の温床になり、「日本叩き」を招来しました。この「日本叩き」と一体になった日米貿易摩擦は、日本に甚大な被害をもたらしました。日の出の勢いだった産業の発展は止まり、イノベーションが生まれにくくなり、国は大きな借金を背負いました。「リストラ」をされた人も、「就職氷河期」に学校を出た人も、人生を大きく狂わされることになりました。

「日本人は集団主義的だ」と言っていたのは、アメリカ人だけではありませんでした。日本人自身も、「日本人は精神的に自立していない」とか、「日本人は上には従順だ」とか言っていました。その人たちは、日本人である自分自身も「精神的に自立していない」と思っていたのでしょうか？「上には従順だ」と思っていたのでしょうか？

どうも、そうではなさそうです。そういう人たちの口ぶりからすると、「自分は、精神的に自立している」、「自分は、上に従順ではない」と思っていたようです。

こんな調査があります。「日本人は集団主義的だと思いますか？」という質問と、「あなた自身は集団主義的だと思いますか?」という質問をした調査です。[43, 39] ほとんどの被検者は、「日本人は集団主義的だと思う」と答えます。ところが、そう答えた被検者は、たいがい「自分自身は集団主義的ではない」と答えるのです。

誰もが「自分自身は集団主義的ではない」のだとしたら、「集団主義的な日本人」はどこにいるのでしょうか?

我が身の問題

日本人論は、「日本人は集団主義的だ」と言いつづけてきました。そのため、「日本人」という抽象的な存在については、「集団主義的だと思いますか?」と訊かれれば、誰もが「はい」と答えるようになったのでしょう。けれども、「自分自身」という生身の存在については、どう考え、どう行動してきたのか、その実状をよく知っています。ですから、「集団主義的ではない」と答えるわけです。

これには、対応バイアスも絡んでいます(対応バイアスについては、第6章で詳しく説明しました)。「他人の行動の原因を推測するとき、外部の状況要因を軽視して、内部の要因が原因だと考えてしまう」というバイアスです。

この対応バイアスが生じるのは、他人のときに限られています。自分のときには生じません。自分の行動の原因を考えるときには、その場の状況をちゃんと考慮に入れるのです。自分については、対応バイアスが働かないのだとすれば、「日本人」は集団主義的だと信じている人が、「自分だけは集団主義的ではない」と思っていても、不思議はないわけです。

しかし、「自分だけは例外だ」という信念は、自分を救ってはくれません。日米貿易摩擦のときのように、「日本人は集団主義的だ」という通念が日本人全体に災いをもたらすときには、その災いは自分にも降りかかってくるのです。「自分は集団主義的ではない」と信じているからといって、リストラの対象から外されるわけではありません。自分の会社が倒産を免れるわけでもありません。他人を批判しているつもりで「日本人は集団主義的だから……」と言っていると、自分の身が危険にさらされることになりかねないのです。

ユーゴスラビアの民族紛争

さて、ここまでは、文化ステレオタイプがどれほど危険なものなのかを実感するために、日米貿易摩擦について、すこし詳しく見てきました。しかし、文化ステレオタイプは、さらに大きな災いの元になりうるのです。旧ユーゴスラビアでの民族紛争にその実例を見ることができます。

1991年、ユーゴスラビア連邦が崩壊すると、さまざまな「民族」のあいだで激しい戦いが始まりました。どの「民族」も、自分たちの土地から他の「民族」を消し去ろうとしました。「民族浄化」です。この「民族浄化」は、無数の強制追放、虐殺、性暴力を引き起こしました。30万人以上とも言われる死者を出し、故郷を追われた難民の数は、350万人近くにのぼったと言われています。

なかでも、セルビア人は、ユーゴスラビア連邦軍の主力として最大の軍事力を有していたこともあって、残虐行為が目立つ結果になり、指導者のスロボダン・ミロシェヴィッチやラドヴァン・カラジッチは、後に逮捕され、国連が設置した戦犯法廷で裁かれることになりました。しかし、じっさいには、虐殺をおこなったという点では、どの「民族」も同列だったのです。[83]

旧ユーゴスラビアのなかでも、もっとも激しい戦闘がおこなわれたのは、セルビア人、クロアチア人、ボスニア人が混住していたボスニアでした。『ボスニア内戦』（有志舎）[83]は、そのボスニアを中心にして、紛争の経緯を記すとともに、そこで起こった残虐行為を生々しく描きだしています。

虐殺は、銃殺、焼き討ちなど、さまざまなかたちでおこなわれましたが、多くの場合、サディスティックな暴力をともない、凄惨な場面が現出しました。ひとつだけ引用してみましょう。「41歳の男性は棍棒や鉄パイプで全身を殴打された後、錆付いたペンチで歯を抜かれた。そして、兵士によって口腔に放尿され、尿を強制的に飲まされた」（314頁）。

こういった記述を目にすると、人間というものがいかに残酷になりうるかを思い知らされて、粛然とした気持にさせられます。


「民族」


互いにこうした残虐行為をおこない、憎みあい、殺しあった「民族」でしたが、「他所《よそ》からこの地に集まってきた別々の集団」というわけではありませんでした。この地に長く住んでいた同じ南スラブ系の民族で、同じ言葉を話す人たちだったのです。

違いは宗教でした。セルビア人は東方正教会のキリスト教、クロアチア人はカトリック教会のキリスト教に帰依した人びとでした。ボスニア人は、この地がオスマン・トルコ帝国の領土だったとき、イスラム教に改宗した人びとでした。紛争の最中でも、たとえば、セルビア人がカトリックに改宗した場合には、クロアチア人になったと見なされることもありました。

宗教の違いをもとにして「民族」意識が形成されたのも、19世紀なかばごろからで、そう古いことではありませんでした。しかし、自民族を賞揚し、他民族を侮蔑する言説が広まっていき、さまざまな経緯をへて、抜き差しならぬ敵意が醸成されてしまったのです。

民族対立

ユーゴスラビア連邦が成立する前、第二次世界大戦のさなか、ドイツが侵攻したクロアチアには、ナチスの後押しで、過激な民族主義者の政権が成立しました。[62] この政権は「民族浄化」を始め、50万人から70万人と推定される大量虐殺をおこないました。被害者の大部分はセルビア人でした。

この政権は、セルビア人にたいする敵意を煽る政治宣伝を繰り広げ、外務大臣になった人物は、こう演説しました。[62]「クロアチア民族にとり異質・異端で、クロアチア民族の健全な力を萎えさせ、クロアチア民族を数百年にわたり次から次へと悪に落としめた全要素から、民族を浄化しなければならない。それは、我が領土に住むセルビア人とユダヤ人である」（98頁）。

セルビア人にたいする憎悪を掻き立てるために、セルビア人が自分たちとは「異質」だと強調したのです。こうした政治宣伝は、セルビア人の側もおこない、セルビア人の民兵組織によるクロアチア人の虐殺も横行しました。

虐殺は遺恨を生み、もとは同じ南スラブ系の民族だったにもかかわらず、「セルビア人」「クロアチア人」といった「民族」のあいだには深い溝ができてしまいました。第二次世界大戦のあと、チトーの率いる共産主義政権がユーゴスラビアをまとめていましたが、チトーが没し、各国で共産主義政権が崩壊すると、「民族」間の敵対意識が火を噴くことになったのです。

「民族」の違いは、もとをただせば宗教の違いでした。宗教は文化にほかなりません。したがって、「セルビア人」や「クロアチア人」に貼りつけられたネガティヴなイメージは、まさしく文化ステレオタイプそのものだったといえるでしょう。ユーゴスラビアの民族紛争は、文化ステレオタイプがいかに危険なものになりうるか、その現実を私たちに突きつけているのです。

「異質性」

文化ステレオタイプの怖さは、相手の集団を自分たちとは「異質だ」と思わせ、両者のあいだに越えがたい溝をつくってしまうところにあります。

ノルウェーの犯罪学者ニルス・クリスティは、こんなことを語っています。[71]

第二次世界大戦が始まると、ノルウェーはドイツに占領されました。ノルウェーに設置された捕虜収容所には、ユーゴスラビアなどで捕虜になった人びとが収容され、ノルウェー人も看守をつとめました。その看守たちが、捕虜を虐待したり虐殺したりしたのです。

クリスティは、ノルウェー人がそのような残虐行為に手を染めるとは信じられず、戦後、当時の看守たちに会って、なぜ虐待や虐殺が起こったのか、調べてみました。すると、そうした行為をしなかった看守たちは、捕虜と個人的な会話をしていたことが分かりました。その会話のなかで、故郷の写真を見せられたり、妻の写真を見せられたりしていたのです。

クリスティの結論は、こうです——「相手も自分と同じ人間だと思うと、残酷な仕打ちはできなくなってしまう」。反対に、捕虜と個人的な接触をもたなかった看守は、捕虜を「自分と同じ人間だ」とは思わず、「捕虜」としか見なかったせいで、虐待や虐殺をすることに抵抗を感じなかったのです。

政治宣伝

政治や軍の指導者は、この心理を利用してきました。兵士がためらうことなく「敵」を殺せるように、「敵は我々と同じ人間ではない」、「敵は邪悪な人間だ」、「敵は人間以下だ」という政治宣伝をしてきたのです。

第二次世界大戦中、日本人はアメリカ人を「鬼畜」と呼んで異質化し、アメリカ人は日本人を「黄色い猿」と呼んで異質化しました。ヴェトナム戦争のときには、アメリカ軍は、徴兵された若者たちに、「ヴェトナム人は自分たちより劣った人間だ」と教え込みました。[74]

イギリスの歴史家ニーアル・ファーガソンは、著書『憎悪の世紀』[75]のなかで、「人間はみな、互いに非常によく似ているにもかかわらず、違いを強調することによって、大量殺戮を繰り返してきた」と指摘しています。

他の民族についての文化ステレオタイプを創り出す政治宣伝は、兵士に敵を殺させるためだけではなく、政治家が政治権力を獲得するためにも利用されます。ユーゴスラビアの民族紛争では、共産主義者同盟の一幹部でしかなかったミロシェヴィッチが、セルビア人の民族意識を煽り、他の民族にたいする敵意を掻き立てることによって、セルビア人の支持を獲得し、セルビア共和国の最高幹部を追い落として、権力の座を我がものとしました。

文化ステレオタイプはなぜ多用されるのか?

第二次世界大戦が終わるまでは、強調されたのは、たいがい人種的な「違い」でした。しかし、戦後、ナチスのホロコーストが知れわたり、アメリカで公民権運動が人種差別を糾弾するようになると、「人種」を口実にした差別は嫌悪されるようになりました。かわって使われるようになったのが、「文化の違い」、すなわち、文化ステレオタイプです。イスラエルの歴史家ユヴァル・ノア・ハラリ[37]は、ヨーロッパの極右政党は、「人種差別的な語句を用心深く避け」（邦訳下巻124頁）、かわりに文化によって差別をするようになったと指摘した上で、これを「文化主義」と呼んでいます。

「違う」人たちには敵意をいだきやすく、残酷な仕打ちがしやすくなるということには、遺伝的な基盤があるのかもしれません。人類の祖先は、類人猿の祖先と分かれて進化を続けてくるあいだ、小集団で狩猟と採集をしていたと考えられています。そうした生活では、縄張りが重要です。縄張りを守れず、ほかの集団に食料を取られてしまうと、生き延びていくことができなくなるからです。

縄張りを守るためには、他の集団と闘わなければなりません。そのためには、自分の集団と他の集団を峻別することが不可欠です。戦いになれば、自分の集団のなかでは団結しなければなりませんが、他の集団には敵意を燃やさなければなりません。

第6章では、「明白な外部からの脅威こそは、個人という煉瓦で社会という建物を建てるための、人間の知る限り最も強力なセメントだった」[63]（邦訳下巻330頁）というアメリカの歴史家マクニールの言葉を引用しましたが、人間のこうした抗《あらが》いがたい性向も、縄張りを守って生き延びるために、進化の過程で人間の心理に組み込まれたものなのかもしれません。

人種ステレオタイプ、性ステレオタイプ

前章では、文化ステレオタイプは、「文化の違いにもとづくステレオタイプ」だと述べました。「日本の文化は集団主義的」、「アメリカの文化は個人主義的」というようなステレオタイプです。

しかし、日本人論の場合、実証的な研究を調べてみると、そうした違いは実在しないこ

とが分かりました。「文化の違い」は、実在するわけではなく、文化についての言説のなかで創り上げられた「違い」にすぎなかったのです。だとすれば、文化ステレオタイプは、「文化の違いにもとづくステレオタイプ」というよりは、「文化的に創り上げられた『違い』にもとづくステレオタイプ」だということになります。

ところが、「文化的に創り上げられた『違い』にもとづくステレオタイプ」ということになると、人種ステレオタイプなど、他のステレオタイプも、文化ステレオタイプと本質的には変わりがないということになってきます。「女性」「男性」という性ステレオタイプも、例外ではありません。

女性と男性のあいだには、はっきりとした生物学的な違いがあります。そのため、攻撃性、創造性、優しさなどについての、いわゆる「男女差」は、生物学的なものだと考えられてきました。

ところが、フェミニズム運動が盛んになってきてからは、「社会的な能力や行動も生物学的に決定されている」というこうした考えかたは、その根拠が強く疑われるようになってきました。[37] なによりも、「男女平等」の理念にもとづいて、女性の社会進出が進んだ結果、伝統的に信じられてきた「男女差」は、事実によって反証されることが多くなってきました。たとえば、政治家として有能かどうかは、男性か女性かということより、個人としての力量によって決まる、ということが明らかになってきたのです。

そうなると、いわゆる「男女差」は、その大部分は、「文化的に創り上げられた違い」だったということになります。同じことが、「黒人」と「白人」、「ユダヤ人」と「アーリア人」などの「人種」ステレオタイプにも、あてはまります。

大量虐殺

「文化ステレオタイプ」をそう捉え直してみると、旧ユーゴスラビアの民族紛争のみならず、文化ステレオタイプは、ほかの数多くの虐殺事件にも関わっていることが分かってきます。

20世紀には、大量虐殺が繰りかえされました。『大量虐殺の社会史』[62]（ミネルヴァ書房）はその例を列挙していますが、犠牲者数が10万人を超えると推定されるものだけでも、少なくとも12件はあります。

「10万人」と数字だけを聞いても、どれほどの数なのか、実感が湧きません。仮に、10万人の死体を積み上げたとしたら、どうなるでしょうか？

人体の厚みを平均20センチとして計算してみましょう。10万人の死体を積み重ねると、高さは20キロメートルになります。東京スカイツリーを縦に積み重ねたとしたら、31個分。成層圏に出てしまいます。上の方は見えないでしょう。おぞましいイメージで恐縮ですが、10万人というのがどういう数なのか、多少、実感が湧いてくるのではないでしょうか。

大量虐殺のうち、誰もが知っているのは、ナチス・ドイツによるユダヤ人のホロコーストでしょう。公式に認められている犠牲者数は600万人です。カンボジアでクメール・ルージュ政権がおこなった国民の大虐殺もよく知られています。犠牲者は170万人以上と見積もられています。ソヴィエト連邦は68万人の自国民を「人民の敵」として銃殺し、パキスタンの軍事政権は、バングラデシュ（当時の東パキスタン）で、125万人から300万人のベンガル人を虐殺しました。インドネシアでは「共産主義者」が虐殺され、その数は50万人から100万人にのぼると言われています。

こうした大量虐殺の対象になったのは、多くの場合、文化的に創り上げられた集団でした。

「ユダヤ人」もそうです。もとはパレスチナ地方から移住してきた人びとでしたが、ヨーロッパ人との混血が進んでいましたし、見た目で区別することは困難でした。「ユダヤ人」

がみなユダヤ教の信者だったわけでもありません。アドルフ・ヒトラーでさえ、自分に「ユダヤ人の血」が混じっていないかと気にして、祖父母の血統を調査させたほどでした。ナチスも、「ユダヤ人」と「アーリア人」の識別には苦労していて、厳密に区別する方法がないかどうか、医学者に研究をさせていました。「ユダヤ人」という「人種」は、文化的に創り上げられたという面が強かったのです。

対応バイアスの作用

ユーゴスラビアの民族紛争の話を聞いて、「セルビア人は残虐な民族だ」とか、「クロアチア人は残虐な民族だ」とか思ったとすれば、文化ステレオタイプの罠に落ちてしまったことになります。歴史的条件が揃えば、どの「民族」も残虐になりうるのです。

日本人も例外ではありません。加害者としても、被害者としても、虐殺に関わっています。加害者としては、主に中国大陸で。被害者としては、アメリカによる（原爆を含む）空襲のもとで。

第二次世界大戦後、アウシュヴィッツなどの強制収容所の実態が報道されると、「ドイツ人は残虐な民族だ」というイメージが広がりました。しかし、アメリカの心理学者ミルグラムは、こうした考えが誤っていることを示すために、第8章で紹介した服従実験をおこなったのです。この実験は、ごく普通のアメリカ市民でも、「実験者に指示されたというだけで、残虐な行為をしてしまう」ということを立証しました。「残虐な行為をしたのだから、残虐な民族にちがいない」という考えは、対応バイアスが生みだす錯覚なのです。

サピエンス一族

18世紀から19世紀にかけては、「異なる人種は、もともと、神によって異なった種類の人間として創造された」と考える「人種多起源論」という主張も有力でした。[33] しかし、DNA分析にもとづく最近の研究は、すべての人種が同じ祖先をもっていることを明らかにしました。現在のところ、その祖先は、15万年ほど前にアフリカで誕生したと考えられています[37]（年代の推定は、研究の進展にともなって、かなり大きく変わりますが）。

その後も遺伝的な変異は生じましたから、現生人類がみな同じ遺伝子をもっているというわけではありません。遺伝的な違いのうち、目につくのは肌の色や顔立ちの違いですが、血液型のように、目には見えない違いもあります。

重要なことは、「現生人類の遺伝子には非常に多くの違いがあって、そのほとんどは、人種や民族の違いとは対応していない」ということです。ＤＮＡの違いは、同じ「民族」のあいだにも、親戚のあいだにも、自分と子どもとのあいだにもあります。肌の色のように、「人種」や「民族」の違いに対応する遺伝子の違いがあったとしても、それが「知能」や「残虐さ」の違いと対応しているという確たる証拠はありません。

だとすれば、人間を遺伝的に分類してみても、医療に役立つことはあるかもしれませんが、それ以上の意味はない、ということになります。しかし、そこに文化ステレオタイプが重なると、そうも言っていられなくなります。

たとえば、血液型がＡ型の人たちとＢ型の人たちが互いに憎み合い、殺し合うところを想像してみてください。バカバカしいとしか思えないでしょう。しかし、特定の血液型の人たちを排除すれば、他の血液型の人たちが利益を得られるという状況が生まれれば、「Ａ型は我が強い」「Ｂ型は自己中心的だ」といった事実無根の言説が積み上げられていって、ほんとうに殺し合うような事態になってしまうことも、絶対にありえないとは言えません。「遺伝的な違い」は、文化ステレオタイプに転換されると、劇薬になりかねないのです。

じっさいには、どの「人種」、どの「民族」に属する人間も、状況が変化すれば、それに応じて、みな同じように行動を変えます。文化も変えます。直面している状況が違えば、行動にも、文化にも、違いが生じます。しかし、そうした違いは、対応バイアスに注意して、虚心坦懐《きょしんたんかい》にみれば、もとは状況の違いにすぎません。人間そのものの違いではないのです。

現生人類は、同じ祖先をもつ似たもの同士、いわば「サピエンス一族」だと考えるのが、いちばん現実に即した見方だと言えるでしょう。

危険は高まっていく

しかし、文化ステレオタイプは、「本質的な違い」という錯覚を生み出してしまいます。その錯覚の危険性は、今後、さらに高まっていくと覚悟しなければなりません。

理由のひとつは、「グローバル化」です。

グローバル化が進むと、異なる文化が接触する機会が増えます。摩擦も増えます。そこに文化ステレオタイプが重なると、摩擦は、抜き差しならぬ対立に発展してしまいます。

2019年、イスラム教を敵視するオーストラリア人の若者がニュージーランドに渡り、その名もクライストチャーチ（キリスト教会）という街で、イスラム教のモスクを銃撃し、50名のイスラム教徒が死亡するという事件を起こしました。その1ヶ月後、1万キロ離れたスリランカでは、イスラム教徒の過激派が、キリスト教会や、欧米人の滞在する高級ホテルを狙って自爆テロを実行し、258名を殺害しました。このテロは、ニュージーランドでのテロへの報復だったと報じられました。

たいがいのイスラム教徒は、そして、たいがいのキリスト教徒も、「自分たちの宗教には、テロを奨励するような教義はない」と断言します。しかし、数百年にわたる角逐《かくちく》のあいだに、互いの宗教にたいする文化ステレオタイプが厚みを増していき、それがこうしたテロを生み、それがまた文化ステレオタイプを強化する、という悪循環がつづいてきました。グローバル化が進むと、キリスト教徒とイスラム教徒にかぎらず、異なる文化をもつ人びとのあいだで、こうした悪循環が加速していく恐れがあります。

ルワンダ

もうひとつ、文化ステレオタイプの危険が高まっていくと覚悟しなければならない理由は、人口の増加と環境破壊です。

東アフリカの国ルワンダでは、1994年、フツ族によるツチ族の大量虐殺が起きました。犠牲者の数は80万人とも言われています。この大量虐殺の原因は、人口の増加と、それにともなう環境の悪化だったと考えられています。[26]

ルワンダでは、爆発的な人口の増加が起きて、アフリカでは最も人口密度の高い国になりました。その結果、土地は細分化され、充分な食料を得られない人が増えました。また、人口が増えるにしたがって、森林が乱伐され、それが土壌の浸食を引き起こし、食糧不足はますます深刻になりました。

こうして状況が悪化していくとともに、「ツチ族」「フツ族」という文化ステレオタイプが強化されていきました。

ツチ族とフツ族がほんとうに別の民族なのかどうかについては、異論もあります。最近の研究では、「もとは同じ民族で、牧畜を営む人びとがツチ族、農耕を営む人びとがフツ族になった」とも言われています。[95]どちらも、同じ言葉を話し、同じ村で一緒に暮らしていることも、結婚して家族をつくっていることも多かったのです。

しかし、ルワンダを植民地にしたドイツ、第一次世界大戦後にそれを引き継いだベルギーは、「少数派のツチ族をつうじてフツ族を支配する」という分割統治策をとりました。この結果、「民族」の「違い」が強く意識されるようになりました。特にベルギーは、民族名を記した身分証明書を持たせるという政策をとり、これが民族対立に拍車をかけることになりました。

独立後、フツ族がツチ族の支配を覆《くつがえ》そうとした結果、内戦が頻発するようになりました。人口の激増に干魃《かんばつ》が重なり、国民の６分の１が飢餓におちいるという状況になると、権力闘争と内戦が激化しました。フツ族の権力者はツチ族を「ゴキブリ」「ばい菌」「ナチス」などと呼んで、ツチ族を異質化する政治的なプロパガンダを展開しました。ラジオで「ゴキブリを殺せ」と民衆を扇動したあげくに、凄まじい大虐殺が始まったのです。

政治指導者たちが配ったマチェーテというナタを使って、村人が隣人を殺したり、伯父が姪の夫を殺したりという惨劇が繰り広げられました。ツチ族を集めた教会や学校に火をかけて焼き殺すというような虐殺もおこなわれ、ほぼ百日のあいだに、ツチ族の４分の３が殺害されたといいます。

この事件では、人口の増加がそもそもの原因でしたが、大量虐殺にまで事態を悪化させたのは文化ステレオタイプでした。権力を握りたい人びと、あるいは、権力を失うことを恐れた人びとが、「われわれ」とは違う「やつら」という文化ステレオタイプを創り上げ、人を殺すことへの抵抗感を消してしまったのです。

人口増加と環境破壊

地球上のどこに住む人びとにとっても、ルワンダの惨劇は他人事ではありません。私が生まれた1950年には、世界の人口は25億人ほどでした。現在（2019年）は、75億人近いと推定されています。私が生きてきたあいだに、3倍にも膨れ上がったわけです。今後、増加の勢いは鈍っていくものの、「今世紀の終わりには100億人を突破するのではないか」というのが国連の予測です。

世界の人口が増えると、ルワンダで起こった事態が地球規模で起こる可能性が出てきます。アマゾン川流域をはじめとする地球上の各地で、森林の乱伐がつづいています。森林が減少した結果、水資源も不足し、アフリカや中東、中国などでは砂漠化が進行しています。

地球の温暖化については、危機感は広まってきたものの、温暖化を否定する有力者もいて、「二酸化炭素の排出量を減らすために、全世界が結束して取り組む」という状況にはなっていません。このまま温暖化が進んでいくと、気候の激変によって食料生産が大きく落ち込む可能性もあります。

現在、貧困地域での生活水準はめざましく向上をつづけており、それにともなって、エネルギーと資源の需要も増えつづけています。人口の増加に生活水準の上昇が加わると、石油をはじめとする各種の資源は、大幅に不足する可能性が出てきます。

人口の増加は、食料と資源の奪い合いをもたらす恐れがあるのです。現実にそれが起きた場合には、国家間の戦争に発展することも考えられますし、貧しい地域から豊かな地域への人口移動が起きることも考えられます。現在、アフリカからヨーロッパへ、そして、中米からアメリカ合衆国へという、大量の移民の流れが大きな政治問題になっていますが、これはほんの序の口にすぎないかもしれません。

これまでの例を見ると、集団間に軋轢が生じると、「政治的なプロパガンダによって文化ステレオタイプが強化され、相手の集団にたいする憎悪が掻き立てられる結果、残虐な仕打ちをすることへの抵抗感が薄れてしまう」ということが分かります。人口の増加と地球環境の悪化によって、こうした対立が地球規模で起こった場合、その結末は、想像をはるかに超えたものになる恐れがあります。

大惨事を引き起こすことなく、集団間の利害対立をできるかぎり理性的に調整するためには、文化ステレオタイプによって、非現実的な「やつら」のイメージが膨らんでしまうことを防がなければなりません。文化ステレオタイプの問題は、人類の将来にとって、死活的な重要性をもっているのです。

罠に落ちないために

文化ステレオタイプの魅力は強烈です。

単純で理解しやすいので、異文化と自文化がどう違うのか、「分かった」という気にさせてくれます。単純で憶えやすいので、いつでも思い出すことができます。

しかも、エキゾチックな魅力をもっています。ローウェルの本を読んだアメリカ人は、「日本人は、言葉の順序を全く逆にしてしゃべるし、本は最後のページから読みはじめる」というような話に、好奇心をいたく刺戟されたことでしょう。日本人だって、「日本人にとっては、全員一致の議決は正しいが、ユダヤ人にとっては、全員一致の議決は無効だ」[17]などと言われれば、大いに興味をそそられます（この「文化差」も、事実ではないようですが）[14]。

けれども、「民族性」とか「国民性」とかいった精神文化については、そういう単純な文化ステレオタイプは、たいがい、正しくありません。現実には、文化も、文化差も、非常に複雑で、しかも流動的なので、単純化は間違いのもとなのです。

それだけではありません。単純な文化ステレオタイプは、異文化とのあいだに不和が生じたとき、政治指導者や利害関係者によって、敵意を煽るために利用されやすいのです。その扇動にうかうか乗ってしまうと、いつのまにか虐殺の修羅場に導かれてしまう恐れがあります。

では、文化ステレオタイプの罠に落ちないようにするためには、どうすればいいのでしょうか？

前著『「集団主義」という錯覚』には、なにか通説に合う事例を見聞きしたとき、「やっぱり、日本人は集団主義的じゃないか」と短絡的に結論してしまわないために、チェックポイントを3段階に分けて説明しました。その説明は役に立つとは思うのですが、事例にもとづく判断は、やはり、回避するのがベストです。事例にもとづいて正しい判断をすることは、至難の技《わざ》だからです。

たとえば、ある経済誌の編集者の方と話をしていたとき、「日本では、会社ぐるみで粉飾会計を隠蔽したりするのだから、日本人は、やっぱり集団主義的なのではないでしょうか？」と言われたことがありました。そのときには、「アメリカでも、エンロンやワールドコムが破綻したときには、粉飾会計を会社ぐるみで隠蔽していたことが明るみに出ましたよ」とお返事して、納得していただけたようでした。

しかし、経済誌の編集者でさえ、そういう反対の事例に思いあたらなかったのですから、誰もがそういう事例を思いつくと期待するのは、あまり現実的ではないでしょう。私自身、どんな事例をあげられても、すぐに反対の事例を思いつけるというわけではありません。

怖いのは、確証バイアスです。「日本人は集団主義的だ」とか、「アメリカ人は個人主義的だ」とかいう先入観を皆がもっていると、それに合った事例ばかりが頭に浮かび、話題にのぼることになります。そうすると、事例から判断をしているかぎり、結局は、先入観を追認してしまう結果になりかねません。

文化をきちんと比較するには、実証的な研究が不可欠です。文化や文化差について判断するときには、事例に惑わされることなく、実証的な研究を調べてみるべきです。適切な研究が参照できないときには、判断を保留しておいたほうが賢明です。自分の体験や、伝聞をもとにして、「この文化は……」と断定している人がいたら、眉に唾をつけておくことをお勧めします。

おわりに

本を読み終わったあと、「面白かったエピソードがひとつ、ふたつ、頭に残っているけど、全体としては、どういう話だったのか、よく思い出せない」というのは、ままあることです。そんなことにならないよう、「全体としては、どういう話だったのか」最後に確認しておくことにしましょう。

まず、「日本人は集団主義的、アメリカ人は個人主義的」という日本人論の通説は、事実に即していないことが分かりました。さまざまな分野の実証的研究が、そのことを確認しています。

この通説は、19世紀のアメリカ人がもっていた偏見に端を発しています。それがアメリカ人のあいだに広まり、第二次世界大戦後、アメリカ人の絶対的な権威を背景に、日本人のあいだにも広まりました。対応バイアスのせいで、「戦時中、日本人が見せた集団主義的な行動が、この説の動かぬ証拠に見えた」という事情もありました。

いったん通説になってしまうと、「みんながそう言っている」というだけで、通説は正しいと感じられるようになります。確証バイアスのせいで、通説に合った事実ばかりに目が向くので、通説は、いよいよ正しく見えてきます。

現実の人間は、文化によってがんじがらめに縛られているわけではなく、そのときの状況に合わせて、柔軟に行動を変えることができます。また、状況が変化すれば、文化それ自体も変化します。

しかし、文化ステレオタイプを通して見ると、違う文化の人たちは、違う種類の人間に見えてしまいます。そうすると、対立が生じたときには、敵意が自然に湧きあがってきて、その人たちにたいして平気で残酷な仕打ちができるようになってしまいます。この傾向は政治的に利用されやすく、大量虐殺にまで発展してしまうことも稀ではありません。

グローバル化と人口増加が進行する今の時代、文化ステレオタイプの危険性は、かつてないほど高まっています。未曾有の大惨事を引き起こさないためには、文化ステレオタイプの歪《ゆが》みと危険性を認識することは、人類にとっては、喫緊《きっきん》の課題なのです。

最後に謝辞を述べさせていただきたいと思います。

「日本人の集団主義」の実例としてあげられてきた事柄も、「日本人の集団主義」で説明されてきた事柄も、多岐に渡ります。そのため、「日本人は集団主義的だ」という通説の妥当性を検証するためには、さまざまな分野で実証的な研究が必要になります。特に、経済の分野での実証的な研究がなければ、「通説は誤っている」と確信をもって判断することはできなかったでしょう。その点で、小池和男先生、三輪芳朗先生、マーク・ラムザイヤー先生のご研究は、まことに貴重でした。言語学の分野では、廣瀬幸生先生と長谷川葉子先生のご研究に、大いに助けられました。ほかにも、ハルミ・ベフ先生、杉本良夫先生とロス・マオア先生など、通説にとらわれることなく、確かな事実を見きわめようとされた研究者の方々には、深甚なる敬意を表したいと思います。

研究の続行を容易にしてくださった阪井和男先生（明治大学サービス創新研究所）には、心から御礼を申し上げます。また、鳶巣賢一先生と久保信彦先生のご助力がなければ、この本を書くことはできませんでした。闘病生活が大半を占めた研究者人生でしたが、終盤になって、良いお医者さんにめぐり逢えたことは、まことに幸運でした。

さて、もう何年も前のことになりますが、ある日、研究室に知らない人から電話がかかってきました。卒業生だというのですが、名前に覚えがありません。聞いてみると、私とは専門分野が別だったことが分かりました。しかし、在学中、私の講義に出席したことがあるというのです。卒業後、出版社に就職して、かねがね、私の講義で聞いた話を本にしたいと思っていたのだそうです。しかし、はじめは販売を担当していたので機会がなく、漸く編集を担当することになったので、「早速、執筆を依頼したい」という話でした。その人が、この本の編集を担当してくださった林拓馬さんです。

講義を聞いた人が、それを本にしたいと言ってくれるのは、教師冥利に尽きる話です。ただ、講義の内容は、既に『「集団主義」という錯覚』という本になっていました。同じテーマで本を書くのなら、内容を一新しなければなりません。そのためには、前著の刊行後に発表された研究を総ざらえする必要があります。その作業にずいぶん時間がかかってしまいましたが、漸く新しい本を書き上げることができました。林さんの期待に背かない本になっていればいいのですが。

令和元年七月二十八日

髙野 陽太郎

104　ホワイティング，ロバート（1977）（鈴木武樹訳）『菊とバット—プロ野球にみるニッポンスタイル』サイマル出版会 Whiting, R. *The crysanthemum and the bat.*

105　ホワイティング，ロバート（2000）（松井みどり訳）イチロー君、大リーグは甘くないぞ．文藝春秋12月号 118-124.

106　山岸俊男（2015）『「日本人」という、うそ—武士道精神は日本を復活させるか』ちくま文庫

107　財務省（2019）財政に関する資料．https://www.mof.go.jp/tax_policy/summary/condition/a02.htm

346-355.

93 Takano, Y., & Osaka, E. (2018) Comparing Japan and the United States on individualism/collectivism: A follow-up review. *Asian Journal of Social Psychology, 21,* 301-316.

94 Takano, Y., & Sogon, S. (2008) . Are Japanese more collectivistic than Americans?: Examining conformity in in-groups and the reference-group effect. *Journal of Cross-Cultural Psychology, 39,* 237-250.

95 武内進一（2000）ルワンダのツチとフツ ― 植民地化以前の集団形成についての覚書．武内進一（編）『現代アフリカの紛争 ― 歴史と主体』アジア経済研究所

96 Triandis, H.C., Bontempo, R., Villareal, M., Asai, M., & Lucca, N. (1988) Individualism and collectivism: Cross-cultural perspectives on self-in group relationships. *Journal of Personality and Social Psychology, 54,* 323-338.

97 通商産業省（1990）『平成2年版　通商白書　各論』

98 Uleman, J. S. (2018) I/C: Individualism/collectivism or individuate/categorise? *Asian Journal of Social Psychology, 21,* 317-323.

99 梅棹忠夫（1967）『文明の生態史観』中央公論社

100 Vignoles, V. L. (2018) The “common view”, the “cultural binary”, and how to move forward. *Asian Journal of Social Psychology, 21,* 336-345.

101 Wason, P. C. (1960) On the failure to eliminate hypotheses in a conceptual task. *Quarterly Journal of Experimental Psychology, 12,* 129-140.

102 Wason, P. C. (1966) Reasoning. In B.M. Foss (Ed.) , *New horizons in psychology.* Harmondsworth: Penguin.

103 Wason, P. C. (1968) ‘On the failure to eliminate hypotheses ...’- a second look. In P. C. Wason & P. N. Johnson-Laird (Eds.) , *Thinking and reasoning: selected readings.* Harmondsworth, Middx: Penguin.

ァクトフルネス）— 10の思い込みを乗り越え、データを基に世界を正しく見る習慣』日経BP社Rosling, H., Rosling, O., & Rönnlund, A. R. (2018) *Factfulness: Ten reasons we're wrong about the world and why things are better than you think.* New York: Flatiron.

82 ロービア，R・H (1984)（宮地健次郎訳）『マッカーシズム』岩波文庫Rovere, R. H. (1960) *Senator Joe McCarthy.* Cleveland: Meridian Books.

83 佐原徹哉（2008）『ボスニア内戦 — グローバリゼーションとカオスの民族化』有志舎

84 佐藤卓己（2004）『言論統制』中公新書

85 佐藤卓己（2007）戦時体制と言論統制．柏倉康夫・佐藤卓己・小室広佐子『日本のマスメディア』放送大学教育振興会

86 塩野七生（1992）『わが友マキアヴェッリ — フィレンツェ存亡』中公文庫

87 スミス，リー（1990）（仙名紀訳）「アメリカの日本叩き」を叩く．月刊Asahi 4月号Smith, Lee (1990) Fear and loathing of JAPAN. *Fortune,* 2.26.

88 Sterling, T. D. (1959) Publication decisions and their possible effects on inferences drawn from tests of significance —— or vice versa. *Journal of the American Statistical Association, 54,* 30-34.

89 Takano, Y. (1989) Methodological problems in cross-cultural studies of linguistic relativity. *Cognition, 31,* 141-162.

90 Takano, Y., & Noda, A. (1993) A temporary decline of thinking ability during foreign language processing. *Journal of Cross-Cultural Psychology, 24,* 445-462.

91 Takano, Y., & Noda, A. (1995) Interlanguage dissimilarity enhances the decline of thinking ability during foreign language processing. *Language Learning, 45,* 657-681.

92 Takano, Y., & Osaka, E. (2018) "Attention, please"to situation: Replies to commentaries by Uleman, Matsumoto, Hamamura and Takemura, and Vignoles. *Asian Journal of Social Psychology, 21,*

敗北を抱きしめて — ジョン・ダワー』

69 NHK 2005年5月24日ハイビジョン特集『生き抜く　小野田寛郎』

70 NHK 2008年8月31日ハイビジョン特集『兵士たちの悪夢』

71 NHK デジタル衛星ハイビジョン2009年10月1日『未来への提言「犯罪学者　ニルス・クリスティ』

72 NHK BS 2013年6月21日『いじめの果てに — 少女フィービー・プリンスの悲劇』Ireland TV3 Productions (2010) *Bullied to Death.*

73 NHK BS 2013年6月18日・19日『追いつめられて — アメリカいじめの実態（前編・後編)』WHERE WE LIVE FILMS (2011) *Bully.*

74 NHK BS 2014年9月9日『"ネットいじめ"の脅威』Submit the Documentary (2013) *Cyber Bully.*

75 NHK放送世論調査所編（1982)『日本人とアメリカ人』日本放送出版協会

76 小熊英二（1995)『単一民族神話の起源 —〈日本人〉の自画像の系譜』新曜社

77 ピンカー，スティーブン（1995)（椋田直子訳)『言語を生みだす本能（上・下)』日本放送出版協会Pinker, S. (1994) *The language instinct: How the mind creates language.* New York: W. Morrow.

78 ピンカー，スティーブン（2009)（幾島幸子・桜内篤子訳)『思考する言語 —「ことばの意味」から人間性に迫る（上・中・下)』日本放送出版協会Pinker, S. (2007) *The stuff of thought: Language as a window into human nature.* New York: Viking.

79 労働政策研究・研修機構（2017)『データブック国際労働比較2017』

80 Rosenhan, D. L. (1973) . On being sane in insane places. *Science, 179,* 250-258.

81 ロスリング，ハンス、オーラ・ロスリング、アンナ・ロスリング・ロンランド（2019)（上杉周作・関美和訳)『FACTFULNESS（フ

56　公正取引委員会（2016）課徴金減免制度導入後の10年の成果と今後の在り方．https://www.jftc.go.jp/soshiki/kyotsukoukai/kenkyukai/dk-kondan/kaisai_h26_h28_files/205_3.pdf

57　熊田忠雄（2007）『そこに日本人がいた！ — 海を渡ったご先祖様たち』新潮社

58　Lincoln, J. R., & Kalleberg, A. L.（1990）*Culture, control and commitment: A study of work organization and work attitudes in the United States and Japan.* Cambridge: Cambridge University Press.

59　Lynn, R., & Becker, D.（2019）*The intelligence of nations.* London: Ulster Institute for Social Research.

60　マライーニ，フォスコ（2009）（岡田温司監訳）『随筆日本 — イタリア人の見た昭和の日本』松籟社Maraini, F.（1957）*Ore giapponesi.* Bari: Leonardo da Vinci.

61　Matsumoto, D.（2018）Time to rethink the common view. *Asian Journal of Social Psychology, 21,* 324-330.

62　松村高夫・矢野久（編著）（2007）『大量虐殺の社会史 — 戦慄の20世紀』ミネルヴァ書房

63　マクニール，ウィリアム・H（2014）（高橋均訳）『戦争の世界史 — 技術と軍隊と社会（上・下）』中公文庫McNeill, W. H.（1982）*The pursuit of power, technology, armed force, and society since A.D. 1000.* Chicago: University of Chicago Press.

64　南塚信吾（2018）『「連動」する世界史 — 19世紀世界の中の日本』岩波書店

65　森田洋司（監修）（2001）『いじめの国際比較研究 — 日本・イギリス・オランダ・ノルウェーの調査分析』金子書房

66　長野晃子（2009）『「恥の文化」という神話』草思社

67　並木伸晃（1994）「終身雇用」も「集団主義経営」も“地獄に墜ちる罪業”だ — アメリカの“普通の人びと”の対日観はいかに形成されているか —「宗教国家アメリカ」の知られざる論理．SAPIO　4月28日

68　NHK教育 2000年11月14日『シリーズ 日本人の肖像　第2回

41 ヘーゲル，ゲオルグ・ヴィルヘルム・フリードリヒ（1954）（武市健人訳）『ヘーゲル全集10 改譯 歴史哲學（上・下）』岩波書店 Hegel, G. W. F.（1938，1940）*Vorlesungen über die Philosophie der Geschichte.*

42 東出誓一著・小山起功編（1981）『涙のアディオス ― 日系ペルー移民、米国強制収容の記』彩流社

43 平井美佳（1999）「日本人らしさ」についてのステレオタイプ:「一般の日本人」と「自分自身」との差異．実験社会心理学研究，*39*，103-113.

44 廣瀬幸生・長谷川葉子（2010）『日本語から見た日本人 ― 主体性の言語学』開拓社

45 Hui, C. H.（1988）Measurement of individualism-collectivism. *Journal of Research in Personality, 22,* 17-36.

46 兵頭淳史（2013）現代アメリカ労働運動の断面 ― 組合の力量、組織形態および政治思想に関する覚書．労働総研クォータリー No.89，32-37.

47 Jones, E. E., & Harris, V. A.（1967）The attribution of attitudes. *Journal of Experimental Social Psychology, 3,* 1-24.

48 鎌田慧（2002）『反骨のジャーナリスト』岩波新書

49 亀井俊介（1989）『性革命のアメリカ ― ユートピアはどこに』講談社

50 川北稔（2001）『ヨーロッパと近代世界』放送大学教育振興会

51 清永賢二（編）（2000）『世界のイジメ』信山社

52 清永聡（2008）『気骨の判決 ― 東條英機を闘った裁判官』新潮新書

53 小池和男（2009）『日本産業社会の「神話」― 経済自虐史観をただす』日本経済新聞出版社

54 小島英俊（2011）『外貨を稼いだ男たち ― 戦前・戦中・ビジネスマン洋行記』朝日新書

55 厚生労働省（2013）『平成25年版　労働経済の分析 ― 構造変化の中での雇用・人材と働き方』

30 ファーガソン，ニーアル（2012）（仙名紀訳）『文明 — 西洋が覇権をとれた6つの真因』勁草書房Ferguson, N. (2011) *Civilization: The West and the rest.* London: Allen Lane.

31 藤木貴史（2014）アメリカにおける労働組合組織化過程の現状分析．一橋法学，*13,* 1141-1215.

32 Gino, F., Ayal, S., & Ariely, D. (2009) Contagion and differentiation in unethical behavior: The effect of one bad apple on the barrel. *Psychological Science, 20,* 393-398.

33 グールド，スティーヴン・J (1989)（鈴木善次・森脇靖子訳）『人間の測りまちがい — 差別の科学史』河出書房新社Gould, S. J. (1981) *The mismeasure of man.* New York: Norton.

34 グレッグ，V. H. (1988)（梅本堯夫監修　高橋雅延・川口敦生・菅眞佐子共訳）『ヒューマンメモリ』サイエンス社Gregg, V. H. (1986) *An introduction to human memory.* London: Routledge & Kegan Paul.

35 Haley, J. O. (1991) *Authority without power: Law and the Japanese paradox.* New York: Oxford University Press.

36 Hamamura, T., & Takemura, K. (2018) Common view by whom? *Asian Journal of Social Psychology, 21,* 331-335.

37 ハラリ，ユヴァル・ノア（2016）（柴田裕之訳）『サピエンス全史 — 文明の構造と人類の幸福（上・下）』河出書房新社Harari, Y. N. (2014) *Sapiens: A brief history of humankind.* London: Harvill Secker.

38 ハリス，マーヴィン（1988）（御堂岡潔訳）『文化の謎を解く — 牛・豚・戦争・魔女』東京創元社Harris, M. (1974) *Cows, pigs, wars, and witches: The riddles of culture.* New York: Random House.

39 Hashimoto, H., & Yamagishi, T. (2015) Preference-expectation reversal in the ratings of independent and interdependent individuals: A USA-Japan comparison. *Asian Journal of Social Psychology, 18,* 115-123.

40 早坂隆（2006）『世界の日本人ジョーク集』中公新書ラクレ

the impact of language on thinking in China and the West. Hillsdale, NJ: Lawrence Erlbaum.

20 Bloom, A.H. (1984) Caution - the words you use may affect what you say: A response to Au. *Cognition, 17,* 275-287.

21 Bruner, J. S., Goodnow, J. J., & Austin, G. A. (1956) *A study of thinking.* New York: John Wiley & Sons.

22 バイアス，ヒュー（2001）（内山秀夫・増田修代訳）『敵国日本 ― 太平洋戦争時，アメリカは日本をどう見たか？』刀水書房
Byas, H. (1942) *The Japanese enemy: His power and his vulnerability.* New York: Alfred A. Knopf.

23 カフリー，マーガレット・M（1993）（福井七子・上田誉志美訳）『さまよえる人　ルース・ベネディクト』関西大学出版部
Caffrey, M. M. (1989) *Ruth Benedict: Stranger in this land.* Austin: University of Texas Press.

24 Collett, P. (1982) Meetings and misunderstandings. In S. Bochner (Ed.), *Cultures in contact: Studies in cross-cultural interaction.* Oxford: Pergamon Press.

25 ダイアモンド，ジャレド（2000）（倉骨彰訳）『銃・病原菌・鉄 ―― 1万3000年にわたる人類史の謎（上・下）』草思社
Diamond, J. (1997) *Guns, germs, and steel: The fates of human societies.* New York: Norton.

26 ダイアモンド，ジャレド（2005）（楡井浩一訳）『文明崩壊 ― 滅亡と存続の命運を分けるもの（上・下）』草思社 Diamond, J. (2005) *Collapse: How societies choose to fail or succeed.* New York: Viking Press.

27 Espelage, D. L., & Swearer, S. M. (Eds.) (2004) *Bullying in American shools: A social-ecological perspective on prevention and intervention.* New Jersey: Lawrence Erlbaum.

28 江藤淳（1989）『閉された言語空間 ― 占領軍の検閲と戦後日本』文藝春秋

29 Fanelli, D. (2012) Negative results are disappearing from most disciplines and countries. *Scientometrics, 90,* 891-904.

引用文献

1 Anderson, C. A., Lepper, M. R., & Ross, L. (1980) Perseverance of social theories: The role of explanation in the persistence of discredited information. *Journal of Personality and Social Psychology, 39*, 1037-1049.

2 Arikawa, H., & Templer, D. I. (1998) Comparison of Japanese and American college students on collectivism and social context of decision-making. *Psychological Reports, 83*, 577-578.

3 朝日新聞 1992年7月7日付朝刊

4 朝日新聞 1996年1月11日付朝刊

5 朝日新聞 2000年1月30日付日曜版

6 朝日新聞 2001年10月18日付朝刊

7 朝日新聞 2001年8月14日付朝刊

8 朝日新聞 2001年10月28日付朝刊

9 朝日新聞 2002年4月6日付朝刊

10 朝日新聞 2004年12月3日付朝刊

11 朝日新聞 2007年8月25日付朝刊

12 朝日新聞 2008年10月10日付朝刊

13 朝日新聞 2009年4月21日付朝刊

14 浅見定雄（1983）『にせユダヤ人と日本人』朝日新聞社

15 Asch, S. E. (1946) Forming impressions of personality. *Journal of Abnormal and Social Psychology, 41*, 258-290.

16 ベフ，ハルミ（編）（2002）『日系アメリカ人の歩みと現在』人文書院

17 ベンダサン，イザヤ（1970）『日本人とユダヤ人』山本書店

18 ベネディクト，ルース・F（1997）（福井七子訳）『日本人の行動パターン』日本放送出版協会 Benedict, R. F. (1945) *Japanese behavior patterns.*

19 Bloom, A.H. (1981) *The Linguistic shaping of thought: A study in*

ディスカヴァー携書 217

日本人論の危険なあやまち
—文化ステレオタイプの誘惑と罠—

発行日　2019年10月15日　第1刷

Author　高野陽太郎

Photographer　©daj / amanaimages
Book Designer　石間　淳

Publication　株式会社ディスカヴァー・トゥエンティワン
〒102-0093　東京都千代田区平河町2-16-1 平河町森タワー11F
TEL　03-3237-8321（代表）　03-3237-8345（営業）
FAX　03-3237-8323
http://www.d21.co.jp

Publisher　干場弓子
Editor　藤田浩芳　林拓馬

Editorial Group
Staff　千葉正幸　岩﨑麻衣　大竹朝子　大山聡子　木下智尋　谷中卓
堀部直人　松石悠　三谷祐一　安永姫菜　渡辺基志　連苑如

Marketing Group
Staff　清水達也　佐藤昌幸　谷口奈緒美　蛯原昇　青木翔平　伊東佑真
井上竜之介　梅本翔太　小木曽礼丈　小田孝文　小山怜那　川島理
倉田華　越野志絵良　斎藤悠人　榊原僚　佐々木玲奈　佐竹祐哉
佐藤淳基　庄司知世　高橋雛乃　直林実咲　鍋田匠伴　西川なつか
橋本莉奈　廣内悠理　古矢薫　三角真穂　宮田有利子　三輪真也
安永智洋　中澤泰宏

Business Development Group
Staff　飯田智樹　伊藤光太郎　志摩晃司　瀧俊樹　林秀樹
早水真吾　原典宏　牧野類

IT & Logistic Group
Staff　小関勝則　大星多聞　岡本典子　小田木もも　高良彰子　中島俊平
山中麻吏　福田章平

Management Group
Staff　田中亜紀　松原史与志　岡村浩明　井筒浩　奥田千晶　杉田彰子
福永友紀　池田望　石光まゆ子　佐藤サラ圭

Assistant Staff　俵敬子　町田加奈子　丸山香織　井澤徳子　藤井多穂子　藤井かおり
葛目美枝子　伊藤香　鈴木洋子　石橋佐知子　伊藤由美　畑野衣見
宮崎陽子　倉次みのり　川本寛子　王廳　高橋歩美

Proofreader　株式会社鷗来堂
DTP　株式会社RUHIA
Printing　共同印刷株式会社

ISBN978-4-7993-2564-3

携書ロゴ：長坂勇司
携書フォーマット：石間　淳